O significado da Ceia do Senhor

Viver hoje o mistério

EDITOR João Baptista Pinto

CAPA Luiz Guimarães

EDITORAÇÃO Luiz Guimarães

REVISÃO Das autoras

Dados Internacionais de Catalogação na Publicação (CIP) de acordo com ISBD

C837s Costa, Rosemary Fernandes da

O significado da Ceia do Senhor: Viver hoje o mistério / Rosemary Fernandes da Costa, Brás José da Silva, Eva Aparecida Rezende de Moraes ; organizado por Lina Boff. - Aparecida, SP : Editora Santuário; Letra Capital, 2020.
168 p. ; 14cm x 21cm.

ISBN 978-65-5527-027-3
ISBN 978-65-87594-16-3 (Letra Capital)

1. Religião. 2. Cristianismo. 3. Ceia do Senhor. I. Silva, Brás José da. II. Moraes, Eva Aparecida Rezende de. III. Boff, Lina. IV. Título.

2020-1653 CDD 240
CDU 24

Elaborado por Vagner Rodolfo da Silva - CRB-8/9410
Índice para catálogo sistemático:
1. Religião : Cristianismo 240
2. Religião : Cristianismo 24

LETRA CAPITAL EDITORA
Telefones (21) 22153781 / 35532236
vendas@letracapital.com.br
www. letracapital.com.br

Lina Boff (org.)

Rosemary Fernandes da Costa, Brás José da Silva e Eva Aparecida Rezende de Moraes

O significado da Ceia do Senhor

Viver hoje o mistério

EDITORA SANTUÁRIO

LETRA CAPITAL

Prefácio

Prof. Dr. Pe. Waldecir Gonzaga[1],
Diretor do Departamento de Teologia da PUC-Rio

O livro "O significado da Ceia do Senhor. Viver hoje o Mistério", sob a organização da Profa. *Lina Boff* e com a presença de outras duas docentes, *Rosemary Fernandes da Costa e Eva Aparecida Rezende de Mores*, e de um docente, *Brás José da Silva*, trata de uma segunda edição revista e atualizada com as novas pesquisas que nos apontam outras novas perspectivas acerca do tema aqui apresentado.

Recordando-nos da feliz expressão do Papa Francisco, apenas eleito, quando soltou a Carta Encíclica *Lumen Fidei* (29/06/2013), preparada por Bento XVI e concluída por ele, afirmando ser um documento escrito a "quatro mãos", na presente obra temos quatro pessoas, sendo um livro escrito a "oito mãos", voltadas inteiramente ao ensino e à pesquisa, o que qualifica ainda mais a presente obra, pois nasce de anos de magistério e dedicação ao mundo da educação, neste campo que é a Teologia, a ciência de Deus e das coisas sagradas.

O texto trata de um tema que nos convida a uma reflexão abrangente e intrigante acerca da *Ceia do Senhor*, que deve

---

[1] Doutor em Teologia Bíblica pela Pontifícia Universidade Gregoriana, Roma e Pós-Doutorado pela FAJE, Belo Horizonte, MG. Diretor e Professor de Teologia Bíblica do Departamento de Teologia da PUC-Rio. E-mail: <waldecir@hotmail.com>, Currículo Lattes: http://lattes.cnpq.br/9171678019364477 e ORCID ID: https://orcid.org/0000-0001-5929-382X

levar à união e à reunião dos seguidores e das seguidoras de Cristo. Este realmente é um tema que tem causado inclusive divisões entre os cristãos desde o tempo do Mestre, Jesus Cristo. Para se ter uma ideia, basta ler o grande discurso de Cristo sobre o "pão da vida", que temos em Jo 6, no qual alguns deixam de seguir a Cristo por causa das exigências do "comer o corpo e beber o sangue" (Jo 6,66), ou ainda sobre as recomendações de Paulo acerca da "Ceia do Senhor" (1Cor 11,17-34). Aliás, este é um tema que os Sinóticos também trataram de uma forma unânime: Mt 26,26-29, Mc 14,22-25 e Lc 22,15-20. Além deles, temos o relato mais antigo sobre a Eucaristia, que é o paulino de 1Cor 11,23-25. No corpus joanino, também temos o grande discurso de Jesus sobre o Pão (Jo 6,22-58) e a última ceia e lava-pés (Jo 13,1-20), textos que são lidos igualmente à luz do mistério eucarístico.

Do conceito de refeição, desde o AT até o NT, o que percebemos aqui nesta obra é o caminho traçado para nos ajudar a compreender o lugar privilegiado que o tema ocupa nas Escrituras Sagradas, tanto dos judeus como dos cristãos, e na rica Tradição da Igreja, desde a Patrística até o Concílio Vaticano II (1962-1965). Mais singular ainda é a noção de banquete a partir da realidade cultual, como é o caso de banquete pascal, na ótica da tradição do Êxodo, segundo lemos nos livros de Êxodo até o Deuteronômio, que privilegiam o Templo de Jerusalém como lugar por excelência do encontro com Deus, sempre ligado à ideia do sacrifício e das oferendas, ou dos encontros celebrativos do NT, como extensão da "Ceia do Senhor" e do encontro de irmãos e irmãs, *unidos* e *reunidos* pelo mesmo ideal de fé e estilo de vida cristã, seguindo o modelo de vida do Mestre: "amai-vos uns aos outros como eu vos amei" (Jo 13,34), gerando a Igreja onde quer que nos encontremos, unidos e reunidos em nossas assembleias celebrativas do mistério Eucarístico, da entrega total do Senhor, para nos resgatar da morte para a vida, da desagregação à união.

O que e quem nos *une* e *reúne* é o próprio Cristo, que expressa o seu amor ao Pai amando o ser humano até ao extremo, como ele e em união com ele: "amou-os até o fim" (13,1), convidando-nos a "permanecer" sempre com ele para produzirmos frutos (Jo 15,4-5). O amor que cria a comunidade de homens e mulheres livres e iguais é o distintivo da comunidade cristã (Jo 13,35) e a herança que Jesus deixa aos seus (Jo 17,22s). Aliás, João não tem dúvidas em afirmar que na comunidade cristã resplandece o amor que Jesus recebe do Pai e comunica aos seus irmãos e irmãs, "para que todos sejam um", como o Filho e o Pai são um (Jo 17,10). É em virtude do amor entre os irmãos e irmãs que a comunidade se torna, a partir da *união* e da *reunião*, o santuário de Deus entre os homens. Esse amor faz com que a comunidade seja uma e atinja a unidade com Jesus e o Pai, pelo Espírito Santo, e a Eucaristia se torna o grande motor da vida cristã, levando a comunidade à *união* e à *reunião*, cantando seus hinos aleluiáticos ao Senhor, à imagem do que lemos em Ap 19,1-8.

A presente obra tem uma sequência muito pedagógica e didática. Ela está dividida em quatro capítulos, conservando uma ordem e estrutura singulares para a compreensão da temática proposta. Ela se inicia com o texto da **Profa. Lina Boff**, sobre a "A intenção de Jesus ao fazer a última Ceia", desenvolvendo a temática especialmente a partir das fontes bíblicas do Novo Testamento. A riqueza dos dados bíblicos e extrabíblicos, simbólicos e relacionais, é algo que se faz presente em toda esta primeira parte, culminando com a pessoa de Jesus Cristo. A vasta e rica experiência da professora já a qualifica para a qualidade deste seu texto.

Em seguida, a Profa. **Rosemary Fernandes da Costa** nos convida a fazer um retorno às fontes Patrísticas, trilhando um caminho com os Padres da Igreja, especialmente a partir da mistagogia da Eucaristia em Cirilo de Jerusalém. A palavra recorrente que nos ajuda a entender este capítulo do livro é "mistagogia" e o grande mistagogo é Cristo Jesus, culminando com o convite para que façamos da mistagogia a prática para o nosso tempo, visto que ela é capaz de construir a comunidade cristã, unida e reunida em nome do Senhor.

O Prof. **Brás José da Silva** leva-nos para dentro da celebração do mistério Eucarístico na perspectiva do documento conciliar, a Constituição *Sacrosanctum Concilium*, tendo presente o mistério pascal celebrado na vida concreta da comunidade cristã, como máxima expressão do amor de Cristo, que deu a vida por nós na Cruz. O convite é para que redescubramos o valor da Eucaristia, a partir de uma vida eucarística, de presença numa Assembleia eucarística, fazendo uma caminhada caminhando juntos.

No último texto, a Profa. **Eva Aparecida Rezende de Moraes** apresenta a Eucaristia e a Comunhão a partir da dimensão do "Corpo de Cristo, 'carne' da Igreja", trabalhando a questão a partir do conceito de "carne" na visão paulina, numa visão antropológica do corpo, conduzindo-nos para o valor de toda essa riqueza de se colaborar para a edificação de uma Igreja toda ministerial, a serviço dos irmãos e irmãs, especialmente dos mais vulneráveis.

Enfim, como é comum numa obra coletiva como esta, no final de cada capítulo encontramos indicada a bibliografia usada para a confecção do texto. Ela enriquece ainda mais este texto e nos proporciona um rico material para um amadurecimento maior da temática que cada texto propõe.

Do que trata este livro

Trata da segunda edição de um livro de cujo assunto pouco se publica: *A Ceia do Senhor.* Sua primeira edição foi feita em 2010 pela Editora Oikós. Cada capítulo foi revisto, atualizado e acrescentado com as novas publicações, a que tivemos acesso.

Esta publicação foi organizado pela professora pós-doutorada, emérita Lina Boff, que expõe a caminhada histórica, bíblica e teológica da sacralidade das refeições nas religiões antigas, passando pela importância dada às refeições pela cultura religiosa do Povo de Israel, até chegar à Páscoa Hebraica, que dá estrutura à Nova Páscoa do Senhor, instituída na Última Ceia de Jesus com seus Apóstolos.

Teve a contribuição de Rosemary Fernandes da Costa, professora e doutora pela PUC-Rio, que fundamenta e descreve, com precisão e competência, a Mistagogia dos Padres da Igreja para a Iniciação Cristã e faz uma aplicação deste caminho com o RICA – Rito de Iniciação Cristã de Adultos – assumido pela CNBB.

Seguindo-se uma linha de continuidade no pensar teológico, o professor, doutor, já, frei Brás José da Silva, fez sua tese sobre *A Mística do Cântico das Criaturas de Francisco de Assis,* nos introduzindo no cântico que representou a *Sacrosanctum Concilium,* que torna inteligível todo o Mistério envolto na Última Ceia de Jesus.

A professora e doutora pela PUC-Rio, Eva Aparecida Rezende de Moraes, com a competência que lhe é própria, afirma que a Eucaristia faz a Igreja e essa existe para ser o Grande Sinal e Sacramento do Pai e do Filho pelo Espírito Santo, que une toda a humanidade num só Corpo de Cristo, "carne" da Igreja.

Sumário

A intenção de Jesus ao fazer a Última Ceia

Lina Boff[1]

I. Um pouco de conhecimento introdutório

Grande parte dos dicionários consultados apresentam o Sacramento da Eucaristia como Ceia do Senhor. Este ato de ação de graças, mais conhecido com o nome da Eucaristia, se deu numa ceia de Jesus com seus apóstolos, antes de ser entregue à sua paixão e morte, que culminou com a ressurreição. A ceia, ou toda refeição que se faz juntos, tem uma carga de sagrado que merece ser interpretada e aplicada à vida cotidiana, tecida de relações encontradas e por vezes de desencontros que não a favorecem.

A cultura grega que se misturou com os cultos religiosos influenciou muito a linguagem cristã nos primeiros séculos. Criou palavras e termos com significados distintos e muitas vezes semelhantes, as quais foram introduzidas nas celebrações e no culto das primeiras comunidades do cristianismo, sobretudo, a partir de Roma, onde os imperadores impunham o culto da própria pessoa.

Ao contrário, as comunidades cristãs introduziram um modo típico de expressar aquilo que a fé queria testemu-

---

[1] Doutorada em Teologia Sistemático-Pastoral, pela PUC-Rio, e Pós-doutorada, pela Gregoriana de Roma, e sua tese foi sobre a Pneumatologia de Lucas-Atos; professora emérita da PUC-Rio e Assessora de várias Sociedades Científicas dentro e fora do país.

nhar à sociedade e ao contexto da época, à luz do mandamento de Cristo:

> Ide portanto, e fazei que todas as nações se tornem discípulos, batizando-as em nome do Pai, do Filho e do Espírito Santo, ensinando-as a observar tudo quanto vos ordenei. E eis que eu estou convosco todos os dias até a consumação dos séculos! (Mt 28, 19-20).

As palavras que mais se aproximam do sentido profundo da Eucaristia como Ceia do Senhor são gregas, como: **déipnon**, que denota refeição, banquete; **kyriakón déipnon**, com o sentido de Ceia do Senhor; segue-se a expressão **klasis tou artou**, que significa repartir o pão, expressão conhecida por todos nós que frequentamos as missas dominicais. E por fim temos a palavra **trápeza**, com a denotação de mesa, pois a refeição sempre se dá em torno a uma mesa que congrega e coloca as pessoas em comunhão uma com a outra e uma na frente da outra[2].

1. A sacralidade do comer e beber juntos

Nas religiões antigas, o comer e o beber são ações realizadas sob a forma de *banquete*, isto é, de um ato comunitário, público ou privado, e guardam uma relação muito grande com o sagrado. Para além da confissão de fé de seus participantes os homens e as mulheres em princípio, explicam o sagrado como um fenômeno humano. Veem no sagrado um polo aglutinador de todas as religiões. Ele cria um centro a partir do qual os povos encontram o eixo central da vida que perderam. É um fenômeno de todas as grandes religiões.

---

[2] Cf. KLAPERT, B. Cena del Signore in *Dizionario dei concetti biblici del Nuovo Testamento*. Bologna, Dehoniane, 1991, pp. 221-236.

O sagrado é um ponto de referência vital. Por isso, a música e a participação a esta, com o corpo e com todo o próprio ser através da dança e dos gestos, criam um fascínio e um centro que aglutina as pessoas. O movimento do corpo é um magnetismo que atrai e reúne em torno de um sentido maior, superior, transcendente, reúne povos e nações inteiras com suas respectivas culturais.

A diversidade das religiões e a multiplicidade das crenças, movimentos e seitas são um sinal de que as pessoas perderam o centro de sua vida e procuram buscá-lo no sagrado. Daí o fato de todas as grandes religiões experimentarem o fenômeno do sagrado. Este exerce sobre as pessoas e as multidões o encanto, o deslumbramento e a atração irresistível pelo transcendente, pelo inviolável e é, profundamente, respeitado por todos os povos que cultuam seus deuses, suas deusas, ou seu Deus.

Para Mircea Eliade, por exemplo, grande pesquisador das religiões, todo rito, todo mito, toda crença ou figura divina refletem a experiência do sagrado que é o elemento fundamental na estrutura da consciência humana. A família, a tribo ou a comunidade religiosa participam, deste modo, da força divina através da refeição comum, que as colocam em relação não só com as pessoas, mas com a divindade. Não há nada que como o beber e o comer seja capaz de unir uma pessoa à outra e as pessoas entre si, ou a pessoa e Deus.

A família, a tribo ou a comunidade religiosa participam ,deste modo, da força divina através da refeição comum que a coloca em relação com a divindade. A origem desta sacralidade da refeição tem a ver com representações até mesmo mágicas de colocar a divindade em todas as coisas criadas. Este risco se deu na cultura presente das religiões antes do cristianismo.

Segundo tais religiões o divino é recebido como uma divindade que está presente em tudo o que Deus criou, mas que pode levar ao chamado animismo. Este vê a divindade nas coisas que foram criadas. Não podemos confundir a célebre frase de Santo Tomás de Aquino que afirma: *Tudo está em Deus e Deus está em tudo*. Da ideia que em cada planta, por exemplo, esteja contida a divindade passa-se à ideia da força vivificadora como a vida de uma divindade que se comunica imediatamente aos comensais.

Nesse contexto pode-se dedicar um parágrafo à cultura destas primeiras civilizações, atestadas desde o tempo de Homero, século VII e VI a.C. Nestas civilizações aparece frequentemente, na linguagem da cultura helênica, o significado de refeição cultual, a ***déipnon,*** em grego, que tem um papel importante na refeição antiga: a pessoa crê na sacralidade que a divindade dá à refeição feita na comunhão humana das pessoas. Esta atrai a presença do deus em quem a pessoa acredita e legitima o encontro que possibilita e faz nascer a comunhão entre as pessoas.

A carga de influência que esta cultura teve sobre as comunidades primitivas pode ser percebida e interpretada, por exemplo, na Primeira Carta que Paulo escreve aos Coríntios. Nesta carta ele mostra a diferença existente entre as refeições sagradas feitas na verdadeira fé em Jesus Cristo e a crença das comunidades que pactuam com a magia e os ritos, a que estavam habituados muitos dos membros da comunidade da cidade de Corinto (cf. 1Cor 10,14ss).

Paulo lembra ainda a esta comunidade o seguinte: do maná e da água da rocha – figuras da Eucaristia – nossos pais beberam e comeram. Apesar disso, a maioria deles não agradou a Deus, pois não se beneficiaram dos bens da mesma rocha espiritual, que é Cristo. Após ter questionado a comunidade com várias perguntas, conclui com esta afirmação: *Quer comais, quer bebais, quer façais qualquer coisa, fazei tudo para a glória de Deus* (cf. 1Cor 10,20.31).

Ao longo da história da humanidade acabamos de ver de forma breve que a sacralidade da refeição sempre existiu como realidade humana relacionada a uma divindade. A ideia da dimensão sagrada da refeição foi se desenvolvendo dentro da cultura de povos que se sucediam em contextos distintos e tiveram sua influência também sobre pessoas a quem era associada a santidade. A força desta ideia deu lugar para a fé das comunidades primitivas, que ouviram e aceitaram a pregação de uma pessoa santa, o Filho de Deus, que ultrapassa a sacralidade do comer e beber juntos tornando-se Ele próprio a verdadeira refeição eterna.

2. O significado da refeição no Antigo Testamento[3]

Este significado passa pelo lugar único onde Javé recebia de seu povo o verdadeiro culto, lugar legitimado pelo próprio Deus. A lei da unicidade do lugar de culto quer explicitar a manifestação de Javé a seu povo que oferece holocaustos e sacrifícios votivos e espontâneos. Passa também pela evolução social e religiosa do povo hebraico encontrada no Código do Deuteronômio. Este Código insiste no caráter alegre das refeições cultuais e das festas.

> Neste lugar comereis diante de Javé vosso Deus, alegrando-vos com todo o empreendimento de vossas mãos junto com vossas famílias, porque Deus abençoou o fruto de vossas mãos (Dt 12,7).

Em tal contexto, a participação à mesma refeição unifica os comensais com Deus e diante de Deus, como se pode

[3] COENEN, L. - BEYREUTHER, E. - BIETENHARD, H. (orgs), *Dizionario dei concetti biblici del Nuovo Testamento*, Bologna, Dehoniane, 1991, pp. 197ss

interpretar na narrativa do Livro do Êxodo que nos apresenta o encontro de Jetro, sacerdote e sogro de Moisés. Este, depois de haver reconhecido os feitos de Javé em favor de seu povo, oferece a Deus um holocausto e sacrifícios. Convida Aarão e todos os anciãos de Israel para comerem pão, na alegria e na ação de graças, diante de Deus (cf. Ex 18,12).

Deste modo, Moisés e seu sogro, junto aos anciãos, selaram a sua própria pertença a Javé. No mesmo livro citado vamos encontrar que, na conclusão da Aliança de Javé com seu povo, nesta Aliança em preparação para a entrada na terra de Canaã, Moisés e seus assessores como, Aarão, Nadab, Abiu e os setenta anciãos do povo de Israel, após ter apresentado ao povo tudo aquilo que Javé lhes havia dado para observar contemplaram a Deus e depois comeram e beberam (cf. Ex 24,11).

Tal passo comunitário não só unifica e aproxima as pessoas participantes, mas as torna também irmãs com Javé, como se pode constatar do estudo dos exegetas e teólogos que evidenciam a expressão *Javé é meu irmão*. A comunidade da mesa é garantia de perdão (2Sm 9,7), de proteção (Jz 10,15ss) e de paz (Gn 43,25ss). Enquanto a ruptura da comunidade de mesa é considerada como um fato detestável como se vê no Novo Testamento:

> E quando estavam à mesa, comendo, Jesus disse: Em verdade vos digo: um de vós que come comigo há de me trair (Mc 14,18).

Vimos que comer e beber juntos cria comunidade e ao mesmo tempo a consolida. É um ato que aproxima seus componentes do Deus Comunidade de Amor que não pode estar ausente. Jesus anuncia uma refeição escatológica em seu Reino, onde os participantes hão de comer e beber as iguarias que Ele mesmo servirá, porque Ele é a nossa refeição.

3. Aproximando-nos do banquete pascal

O banquete pascal traz suas origens da época em que o povo de Israel vivia como povo nômade. Desde o tempo da Reforma feita por Josias sobre o culto prestado a Javé que se dá em torno de seis mil anos antes de Cristo, o sacrifício do cordeiro pascal e da ceia feita neste culto religioso do povo de Israel era conhecido como a Páscoa judaica. Esta tinha seu lugar em Jerusalém, na qual se adorava o Deus único, pois é assim que o Livro do Deuteronômio nos apresenta suas normas:

> Só poderás sacrificar a Páscoa numa das cidades que Javé teu Deus te dará, e tão somente naquele lugar que Javé teu Deus houver escolhido para aí fazer habitar o seu nome. Sacrificarás a Páscoa à tarde, ao pôr do sol, hora em que saíste do Egito. Tu a cozerás e comerás no lugar que Javé teu Deus houver escolhido. Pela manhã voltarás e irás para as tuas tendas (Dt 16,5-7).

Temos aqui a lei do Deuteronômio que proíbe oferecer sacrifícios fora do santuário de Jerusalém. Além disso, esta lei concentrou tudo no Templo, mas pouco se interessou em acompanhar o que se passava naquele lugar e deixou que as leis sobre os sacrifícios oferecidos a Javé, único Deus, se multiplicassem de um jeito nem sempre ordenado e se deixou que se distanciasse das raízes da consciência comunitária de fé do povo hebraico[4].

Ao contrário disso, os documentos escritos durante o exílio da Babilônia contêm uma verdadeira legislação do culto sacrificial, legislação que foi aplicada até o começo

---

[4] Cf. BEAUCHAMP, P. "A Eucaristia no Antigo Testamento", in BROUARD, Maurice S.S.S. (org.). *Eucharistia. Enciclopédia da Eucaristia.* São Paulo: Paulus, 2006, pp. 48-64, obra traduzida por Benôni Lemos.

da era cristã. Em princípio, consistia no seguinte: havia um escalonamento hierárquico reforçado, que evidenciava a função do sumo sacerdote e também todo o sacerdócio de Jerusalém.

Segundo o historiador judeu de antes de Cristo, Flávio Josefo, eram valorizados os sentimentos de amizade mútua, que levava as pessoas a se alimentarem também pelos ritos; em tais ritos acentuava-se, de forma extrema, a expiação das faltas do povo, porque interpretavam o exílio que viviam e sofriam como pecados cometidos contra Javé.

Para todos estes rituais, segundo os estudiosos, havia o momento das oferendas para a expiação dos pecados. As narrativas bíblicas que falam destas oferendas, a humanidade nunca mais viveu sem oferecer sacrifícios, sejam eles de expiação como de ação de graças, depois de Caim e Abel.

Todos os sacrifícios oferecidos a Javé pelo antigo povo de Israel, mesmo os sacrifícios comunitários, que manifestam a união de Javé com seu povo não foram suficientes para restabelecer a validade do verdadeiro sacrifício de Cristo com o derramamento de seu sangue, que cura a pessoa pela participação do banquete pascal.

4. O valor do ato simbólico nas oferendas

As oferendas animais e vegetais pertencem a dois domínios simbólicos bem diferentes: o homem bíblico cultivava uma intimidade muito grande com seu animal, sobretudo com aquele que era oferecido em sacrifício a Javé. Precisamos apreciar e conhecer essa intimidade, pois sacrificar o animal era fazer violência a si mesmo; a imolação era feita pelo oferente e não pelo sacerdote.

Basta trazer à memória o sacrifício de Isaac sobre o Monte Horeb (cf. Gn 22). Proximidade e diferença se correspondiam nesta oferenda, como também se corresponderam nos primogênitos de Israel, poupados ao preço de um cordeiro e dos primogênitos do Egito (cf. Ex 11 e 13).

Os produtos da terra como o pão e o vinho, não davam o prestígio dado pela posse do rebanho. Eram considerados dons que Deus, na sua liberalidade de Pai, concedia a seu povo. O pão constava, por primeiro, na lista dos bens concedidos por Javé único Deus. A vinha era propriedade por excelência e quase um prolongamento de seu proprietário, glorificada pelo trabalho que lhe dava e também por seu valor monetário (cf. Ct 8,11).

A vinha era símbolo da amada pedida em casamento e tão exaltada no Livro do Cântico dos Cânticos (cf. 8,11ss). Ainda hoje, por exemplo, partilhar da mesma taça, num banquete de casamento, é símbolo da união dos nubentes e a participação dos convidados a este banquete significa a legitimação deste ato festivo diante da sociedade.

Outro fato bíblico mostra a importância da oferenda do pão e do vinho num texto de origem desconhecida, importância narrada pelo Livro do Gênesis, em seu capítulo 14. Foi o seguinte: quando Abraão venceu a batalha contra os vários reis cananeus na terra de Canaã, o rei de Salém que era sacerdote da tribo de Levi, em agradecimento a Javé por esta conquista de Abraão, ofereceu pão e vinho, cuja menção, tradicionalmente, é lida ainda em nossos dias, como figura da Eucaristia (cf. Hb 14, 17-24). A oferenda do pão e do vinho feita pelo rei Melquisedec prefigura, a partir do Antigo Testamento, a plenitude do novo sacerdócio trazido pela pessoa do Messias, o Cristo da fé, ao fazer sua última ceia com as pessoas mais íntimas que o acompanharam durante a sua pregação do Reino até a cruz[5].

A ceia pascal do povo hebreu ainda como povo nômade encontra suas raízes religiosas de culto e de rito, nestes e

[5] Cf. PERROT, Ch., "A Eucaristia e a consciência da humanidade", o. c., pp.23-116.

tantos outros textos da antiga lei. Símbolo deste fato temos a oração que abre o banquete e a ação de graças que o conclui, quando as comunidades apostólicas e primitivas se reuniam, de modo especial em suas casas. Nesta reunião interpretavam e aplicavam à sua vida o que mandava a antiga lei.

Porém, a consciência religiosa de cada pessoa participante e a memória das pessoas que chegaram mais próximas da vida e da pregação deixada por Jesus em sua vida terrena, assim como as pessoas que podiam testemunhar tal ensinamento, iam incluindo aos poucos, nas suas celebrações, a herança deixada por aquele que era professado como o Messias esperado por muitos do povo de Israel na pessoa de Jesus de Nazaré. Como se dava este rito religioso nas comunidades?

O pai de família (*capofamiglia*) tomava o pão e pronunciava, em nome de todos os presentes, palavras de louvor sobre esse pão. Partia o pão abençoado e distribuía um pedaço a cada pessoa. Cada comensal obtinha assim a participação à bênção da mesa. Seguia a oração de ação de graças que concluía a refeição. Em seguida, o pai da família tomava um cálice de vinho, o *cálice da bênção,* ao qual Paulo se refere quando escreve à comunidade de Corinto (cf. 1Cor 10,16), e pronunciava, em nome de todos os presentes, a oração de ação de graças. Portanto, todos bebiam do cálice da benção com a consciência de ter parte à bênção pronunciada sobre o vinho.

Como se pode concluir, os elementos fundamentais da liturgia observada no banquete pascal já foram elaborados na época pré-cristã. A comida de entrada – o *antipasto* – era precedida pela benção do primeiro cálice pronunciada pelo pai de família. Esta comida consistia em verduras, ervas amargas e um molho de frutas passado na peneira. Não se come pão neste *antipasto* e se coloca vinho no segundo cálice, mas não é consumado ainda. A seguir o pai de família procede à liturgia pascal propriamente dita, na qual são interpretadas as peculiaridades desta passagem do Êxodo:

> Quando vossos filhos vos perguntarem: Que rito é este? Respondereis: É o sacrifício da Páscoa para Javé, que passou diante das casas dos filhos de Israel no Egito, quando feriu os egípcios, mas livrou as nossas casas (Ex 12,26-27).

A comunidade recita a primeira parte do Salmo 114 (*o Hallel*), que proclama a saída de Israel do Egito e a comunidade consome o segundo cálice, que é o cálice da *Haggada* – isto é, da bênção pascal. Ao se considerar a parte principal do banquete evidencia-se a oração do pai de família sobre o pão ázimo, a distribuição e a consumação do cordeiro pascal, das ervas amargas (cf. Ex 12,8) e do vinho, seguindo-se a oração sobre o terceiro cálice, o cálice da bênção.

Como conclusão, temos a proclamação da segunda parte do *Hallel*, que são os longos salmos 113-118 e as palavras de bênção pronunciadas sobre o quarto cálice. A interpretação dos elementos específicos do banquete é um dado fixo do ritual pascal. O *capofamiglia* faz a reflexão que precede ao banquete interpretando o significado do cordeiro pascal, do pão ázimo e das ervas amargas, segundo as normas ditadas pelo Livro do Êxodo (cf. Ex 12,8ss).

Uma antiga fórmula aramaica de interpretação dos ázimos, segundo o Livro do Deuteronômio, diz que a Páscoa não deve ser comida com pão fermentado, mas como pão ázimo, um pão de miséria, para lembrar e reviver que Israel saiu do Egito às pressas e deste fato o povo deve se lembrar todos os dias de sua vida (cf. Dt 16). A fórmula aramaica teria sido esta: *Eis, este é o pão da miséria* (Dt 16,3).

Cabe falar também da antiga tradição do banquete pascal na comunidade de Qumram. Nesta comunidade, que data em torno ao II século a.C., o banquete cultual a Javé era celebrado na refeição principal do dia. Havia já uma certa hierarquia que era levada em conta nesta comunidade. Um sacerdote presidia e pronunciava, no início da refeição do dia, uma bênção sobre o pão e sobre o mosto, uma espécie de suco de uva. Este rito levava a comunidade celebrante, junto com o sacerdote, a dar espaço para pronunciar palavras sobre o banquete escatológico com o Messias, no qual eram consumados os mesmos alimentos que evocavam a vinda do Senhor.

Como se pode constatar é no Antigo Testamento que vamos encontrar as raízes do significado da Ceia do Senhor. Esta é mais conhecida com a palavra Eucaristia especificamente, que é a *berakah hebraica,* a qual, na liturgia judaica, designa uma fórmula de oração que bendiz a Deus. Bendizer alguém é transmitir-lhe os benefícios de Deus.

Vimos o valor que tem o ato simbólico no Antigo Testamento e como este se refere sempre a uma coisa não perceptível aos sentidos. Ele é ordenado a uma coisa mais alta que esclarece o significado ou indica a existência e a presença daquilo que o ato simbólico celebra. Esse ato é a garantia de uma promessa futura e testemunho do poder de Javé, como se pode interpretar a resposta que Moisés recebe de Javé ao ser chamado para libertar o povo de Israel:

> Eu estou contigo e este é o sinal de quem eu te envio: quando tirares o povo do Egito prestareis culto a Deus nesta montanha (Êx 3,12).

O ato simbólico instituído explicitamente por Cristo o vemos na Eucaristia na *qual ordena de renovar em sua memória o convite da Nova Aliança por Ele* inaugurado (1Cor 11, 23-25).

II. As fontes originárias do Novo Testamento

Dentro da tradição que acabamos de ver sinteticamente, as palavras de instituição da Ceia do Senhor vêm narradas em quatro versões sendo que, a de Paulo, a consideramos como testemunho que ele dá à comunidade de Corinto daquilo que ele mesmo recebeu e transmitiu. Junto com a versão dada pela comunidade de Marcos, elas constituem as formas textuais mais antigas.

1. Aquilo que Paulo recebe transmite à comunidade

Corinto era uma cidade cosmopolita situada numa encruzilhada de rotas, com dois portos marítimos, considerada pagã, com fama de ser uma cidade dissoluta e com muitos templos. De dois em dois anos, celebravam-se em seus arredores jogos próprios da sua tradição cultural, para os quais acorria muita gente. Paulo esteve nesta cidade por dois anos, segundo alguns exegetas, entre os anos 49 a 53, por isso conhecia bem esta comunidade. A Carta dos capítulos 10 e 11 ele a escreve a partir de Éfeso.

Segundo o que Paulo escreve nesta Carta, a comunidade cristã de Corinto se dá a conhecer como uma comunidade muito viva e conflitiva ao mesmo tempo, com divisões internas, com personalidades fortes e ideias próprias que seus membros defendiam sem precedentes. Esta convivência dissonante levava a comunidade a um fechamento diante das argumentações e orientações dadas pelo apóstolo[6].

O conteúdo e as recomendações de Paulo a esta comunidade tinham o objetivo de fazê-la entender que a edifi-

---

[6] Cf. ALDAZÁBAL, J., *A Eucaristia*, Petrópolis, Vozes, 20002, p. 86s.

cação da comunidade pelo amor de uns para com os outros é mais importante do que a ciência e o conhecimento. Se a ciência não leva ao amor é vazia e inútil. A consequência desta concepção comunitária de que o mais forte é o que mais sabe levou a comunidade a colocar os mais fracos, segundo eles, de lado e criar uma divisão interna da comunidade, que separava os considerados "fortes" dos "fracos". São estes, provavelmente, que se queixam a Paulo de que são marginalizados nestas ocasiões de convívio de mesa onde se come pão, carne e se bebe vinho.

Diante de tal situação, Paulo transmite à comunidade de Corinto aquilo que recebeu do Senhor com estas palavras:

> Eu mesmo recebi do Senhor o que vos transmiti: na noite em que foi entregue, o Senhor Jesus tomou o pão e depois de dar graças partiu-o e disse: "Isto é meu corpo que é para vós; fazei isto em memória de mim". Do mesmo modo após a ceia, também tomou o cálice, dizendo: "Este cálice é a Nova Aliança em meu sangue; todas as vezes que dele beberdes fazei-o em memória de mim" (1Cor 11, 23-25).

Esta transmissão de Paulo à comunidade de Corinto reconduz à versão das palavras pronunciadas pelo Senhor, que provavelmente era utilizada na Ceia em uso na comunidade antioquena. Este argumento podemos encontrá-lo no Livro Atos dos Apóstolos, em seu capítulo 11, no qual se fala da fundação da comunidade de fé cristã de Antioquia.

Após a tribulação que sobreviera por causa da morte de Estevão, a comunidade se dispersou. Paulo e Barnabé, tendo convivido um ano inteiro naquela comunidade, reacenderam o entusiasmo pelo Cristo ressuscitado e ensinaram a muitos, a ponto de fazer com que a comunidade crescesse e testemunhasse publicamente, em suas celebrações da Ceia, a fé que professavam. *E foi em Antioquia que os discípulos, pela primeira vez, foram chamados de cristãos* At 11,26), isto é, seguidores de Cristo[7].

Foi assim que Paulo recolheu esta versão por cerca da metade dos anos quarenta, como o atesta a narrativa dos Atos dos Apóstolos (At 11, 26) e a fez chegar até a Jesus como tradição transmitida pela comunidade (1Cor 11, 23). A expressão "banquete" ou "ceia do Senhor" só aparece no Novo Testamento em Paulo, quando escreve à comunidade de Corinto e assim se expressa nesta Primeira Carta para fundamentar que a cruz e sua memória - anamnese - deviam ser contínuas como sinal e realidade da presença autêntica do Ressuscitado na Ceia na qual Ele continua a falar e a partir o pão.

A esta expressão "ceia" lhe é próxima a expressão "mesa do Senhor" de 1Cor 10, 20-21. As duas passagens são o indício do fato que o título "Senhor"- *Kyrios* - tem, entre outros elementos, um lugar fixo na tradição e na terminologia da Ceia do Senhor (1Cor 10,22; 11, 27.31s).

Concluindo, podemos dizer o seguinte: a preocupação de Paulo era afirmar que a presença de Cristo ressuscitado no pão e no vinho era, eminentemente, histórica, atravessada pela história do Nazareno que havia passado pela paixão e morte e desta situação foi ressuscitado pelo Pai. A Ceia do Senhor não poderia reabsorver a distância de sua morte e sufocar a esperança do amanhã. E, se a presença de Cristo era tão real, a esperança da Ceia messiânica com Cristo não era menos viva. A Ceia cristã não era mais um banquete helenístico ou mesmo pré-gnóstico, no qual a presença da divindade cancelava a morte e saciava o futuro. Mas a proclamação do Senhor sempre vivo só é autêntica

---

[7] Cf. Cf. KLAPERT, B. "Cena del Signore", in *Dizionario dei concetti biblici del Nuovo Testamento*. Bologna, Dehoniane, 1991, pp. 221-236.

quando estabelece vínculo imprescindível com a paixão e morte de cruz, pelas quais o Ressuscitado passou.

2. As palavras de instituição em Marcos (14, 22-25)

Marcos escreve seu Evangelho a uma comunidade greco-romana. Ela é formada por pessoas religiosas convertidas de outras religiões ao cristianismo. O tratado de Marcos é conhecido também com o nome de Evangelho dos Catecúmenos. Isto, porém, não exclui que Marcos se dirija a todas as pessoas que ainda não fizeram um caminho "desde fora para dentro" de si mesmas. O objetivo do evangelista é abrir as pessoas que formam uma comunidade, provenientes de um mundo não cristão, ao mistério de Jesus, Filho de Deus. Trata-se de revisar com as imagens anteriores que estas pessoas tinham de Deus e de seu mistério e apresentar uma nova imagem.

A finalidade desta passagem é ajudar a comunidade a viver uma nova experiência de Deus na vida e no amor a Jesus Cristo crucificado e ressuscitado[8]. Esta comunidade, segundo Marcos, deve aprender um novo caminho de vida com sua participação ao mistério pascal de Cristo, conforme é narrado por ele mesmo e sua comunidade.

Com a participação da pessoa iniciada no mistério pascal, Marcos quer mostrar à sua comunidade que os fatos da pregação de Jesus, em sua vida terrena e sua paixão, fatos que O levaram à morte, devem ser interpretados à luz da fé e acolhidos no seu verdadeiro sentido. Por isso, os detalhes cruentos desse acontecimento não contam tanto. O sangue para as comunidades primitivas tinha um significado salvífico. Sobretudo para os hebreus que recordavam a primeira páscoa celebrada no Egito.

---

[8] Cf. NAVONE, J., *Los cuatro evangelios: cuatro etapas de maduración Cristiana*. Roma, Gregoriana, 1980, pp. 10-12.

A morte de Jesus deve ser vista como serviço que exige sinais concretos de fé, porque a encarnação, redenção e ressurreição do Filho de Deus penetram em todas as estruturas da vida humana e foram afirmadas e testemunhadas.

Ao lado desse elemento, a narrativa marciana coloca, com certa carga de ironia, a confissão de fé do centurião romano: *Verdadeiramente, este homem era Filho de Deus* (Mc 15,39). O julgamento salvador se faz teofania no Filho Primogênito, que morre salvando os gentios e todas as pessoas, segundo a sua fé. O reconhecimento do centurião representa que todas as pessoas abertas ao amor, à solidariedade, ao serviço, participam dos benefícios da morte do Filho de Deus.

A confissão de fé confirma que o sangue de Jesus foi derramado por toda a humanidade por isso, toda ela é chamada a formar o povo de Deus (cf. Mc 14,24). Para falar da última ceia de Jesus com os seus, Marcos reuniu tudo aquilo que era útil para a sua comunidade e assim escreve:

> Enquanto comiam, ele tomou um pão abençoou, partiu-o e distribui-lhes dizendo: "Tomai, isto é o meu corpo". Depois, tomou o cálice e, dando graças deu-lhes, e todos dele beberam. E disse-lhes: "Isto é o meu sangue, o sangue da Aliança que é derramado em favor de muitos. Em verdade vos digo, já não beberei do fruto da videira até aquele dia em que beberei o vinho novo no Reino de Deus" (Mc 14, 22-25).

Marcos deixa perceber um componente escatológico bastante significativo, sobretudo quando leva Jesus a afirmar o seguinte:

> Em verdade vos digo, já não beberei do fruto da videira até aquele dia em que beberei o vinho novo no Reino de Deus (Mc 14,25).

Com tal afirmação o evangelista quer explicar à sua comunidade que o reino escatológico vem representado pelo banquete. O *vinho*, elemento indispensável do banquete daquele tempo, é chamado *fruto da videira*, como no ritual hebraico da páscoa, seja na bíblia como na literatura rabínica. Esse vinho é um *vinho novo*, quer dizer, tem uma natureza diferente[9], pois passa pela oração de Jesus, que foi ouvida: *Ele ressuscitou!*

A confiança que Jesus tinha no Pai fez com que Ele o ressuscitasse (cf. Mc 16,6). Todas as orações colocadas nos lábios de Jesus nesta narrativa foram ouvidas pelo Pai porque eram carregadas de confiança. Deus não ocultou sua face ao pobre e desdenhado, mas o ouviu quando ele gritou proclamando o Salmo 22, por isso realizou a justiça que prometeu ao seu povo na pessoa do Filho.

O problema da comunidade de Marcos não era a fé no Ressuscitado, mas o medo da perseguição, o terror de ser submetida a ela. O evangelista mostra isso claramente, na sua narrativa: as mulheres tiveram medo de contar aos discípulos o que tinham ouvido e visto no túmulo; Maria Madalena teve coragem de anunciá-lo aos amigos que tinham estado com Ele, mas eles não acreditaram; o mesmo aconteceu na segunda aparição de Jesus; somente na quarta vez que Jesus se manifestou aos Onze, e depois de uma séria censura pela sua falta de fé (cf. Mc 16,14), é que os apóstolos acreditaram no Ressuscitado (cf. Mc 16,20).

Podemos concluir este parágrafo afirmando que a intenção deste evangelista era ajudar a fé de sua comunidade para receber o mandato: *Ide por todo o mundo proclamar a Boa Notícia a toda a humanidade* (Mc 16,15). Ora, não basta acreditar, é necessário anunciar os fatos e os aconte-

---

[9] Cf. LACELLOTI, B. U. *Comentário ao evangelho de Marcos*, Petrópolis, Vozes, 1978, p. 132-134.

cimentos que nos suscitaram a fé. É saindo de nós mesmos, de nossa casa, de nosso mundo conhecido que completamos o dom recebido do Senhor da Vida, anunciando-o por todo o mundo. A fé que Marcos nos propõe não exclui a concretude de nosso anúncio, que deve se fazer ato simbólico, gesto, serviço pela construção do Reino, canal da graça libertadora e fato de salvação.

3. As palavras de instituição em Mateus (Mt 26, 6-29)

Mateus escreve um Evangelho judaico para os judeus que se dedicam ao cultivo da terra, agricultores, portanto. Ele procura mostrar, na pessoa e na obra de Jesus, o cumprimento das Escrituras. Na catequese, que faz à sua comunidade formada de judeus, refere-se continuamente ao Antigo Testamento, para provar o cumprimento da Promessa de Deus a seu povo na pessoa de Jesus Cristo.

Imaginamos Mateus como um exímio catequista, ensinando na sinagoga um conteúdo novo, que supera o antigo. Sua luta e a batalha que tem de enfrentar com sua comunidade tão ligada à antiga Lei e os Profetas lhe criam condições de organizar um verdadeiro compêndio de teologia, porque ele centraliza o seu ensinamento no Cristo. Jesus revela Deus entre nós (cf. Mt 11,25) e nós chegamos a Deus conhecendo Jesus Cristo. Por esse motivo o Evangelho de Mateus é cheio de citações da Torá para provar à sua comunidade a perfeição e a realização da nova lei, trazida por Jesus Cristo com os fatos do Antigo Testamento.

É nesse sentido que o Evangelho de Mateus é considerado o catecismo dos judeus que aderiram ao batismo de Jesus, porque ele contém o material necessário para introduzir os novos batizados a participarem ativamente da vida da comunidade eclesial. Este Evangelho, pode-se dizer, é uma proposta catequética que quer introduzir o cristão no mistério de Deus expresso nos cinco discursos que ele escreve e apresenta aos seus ouvintes.

A versão de Mateus sobre as palavras de instituição na Ceia do Senhor não é mais que uma forma ampliada de Marcos e não tem, portanto, valor de fonte autônoma , com o fim de estabelecer a forma originária. Na história da tradição os acréscimos na redação dos ditos da ceia atribuída a Mateus devem ser compreendidos sobre o transfundo da prática litúrgica: ele acentua a narrativa da instituição da eucaristia na última ceia de Jesus, com as palavras que não encontramos nos demais evangelistas: *em remissão dos pecados* (Mt 26, 28).

Esta fórmula, talvez proveniente da liturgia batismal, ao mesmo tempo, é testemunho de uma interpretação teológica que procede de Êx 24,8 e de Jr 31, 31-34, duas citações que se referem à aliança que entra em vigor com o sangue de Cristo. Pode-se interpretar, segundo alguns exegetas, uma aliança correspondente à aliança sinaítica, que inclui a remissão dos pecados.

> Enquanto comiam, Jesus tomou um pão e tendo -o abençoado, partiu-o e distribuindo-o aos seus discípulos, disse: "Tomai e comei, isto é meu corpo". Depois tomou um cálice e, dando graças, deu-lho, dizendo: "Bebei dele todos, pois isto é o meu sangue, o sangue da Aliança que é derramado por muitos para a remissão dos pecados. Eu vos digo: desde agora não beberei deste fruto até aquele dia em que convosco beberei o vinho novo no Reino do meu Pai (Mt 26, 26-29).

A comunhão com Deus que a morte de Jesus institui e na qual já irrompe o Reino, coincide com a remissão dos pecados, como Jeremias fala da nova aliança e do perdão da culpa cometida pelo povo que rompeu com Javé, comentando um texto de Jeremias (cf. Jr 31, 31-34). A Ceia do Senhor constitui, portanto, a garantia atual da remissão dos pecados. Para o evangelista, a presença de Deus é viva entre nós. Mostra esta presença a partir do início do seu Evangelho com a expressão: *Deus está conosco, Emanuel* (Mt 1,23) e o conclui com outra expressão, que dá continuidade a esta presença: *Eis que estou convosco todos os dias, até a consumação dos séculos!* (Mt 28,20).

O evangelista consegue sintetizar e comunicar a ânsia profunda de sua comunidade por isso, ela tem a certeza que o Senhor Jesus não partiu, mas ficou e está presente em lugares muito concretos, que encontramos nos capítulos 24 e 25 de seu tratado.

É a cristologia mais viva e mais forte que o evangelista podia apresentar. Desta forma, Mateus introduz sua comunidade a fazer a experiência do amor de Deus no Senhor ressuscitado, que fundamenta a Igreja, chegando assim à profundidade da mesma, a partir do Pequeno e do Pobre.

Não podemos deixar de falar de sua proposta quando se refere à comunidade de fé e apresenta-lhe uma nova estrutura de relação e de vida. Ele inverte os valores vigentes de seu tempo. Procura dar um rosto novo e concreto à comunidade de fé: ele parte dos pequenos, dos que precisam da ajuda do outro, dos que estão fora dos círculos sociais, dos que não têm peso histórico, político, religioso na sociedade estruturada pelos grandes e poderosos.

Ao concluir este excurso podemos dizer que para Mateus a comunidade eclesial tem razão de ser porque existem os indefesos e os fracos. Aquilo que ele ensina encontra sua dimensão histórica e escatológica a partir de seus discursos sobre o juízo final, nos capítulos 24 e 25 de seu Evangelho.

Nestes capítulos descobre-se a dimensão cristológica, que desvelam uma vez por todas: o enigma sobre a sorte final das pessoas que desconhecem o compromisso histórico da Eucaristia terá o julgamento de um Deus misericordioso que usa de justiça para com todos.

4. *As palavras de instituição em Lucas (Lc 22, 15-20)*

Não se tem informações seguras sobre o autor, sua proveniência, sobre seu mundo de origem. Somente em torno dos anos 170-180 (*Canone di Muratori*t.), esta obra aparece atribuída a Lucas. O autor desta obra seria um helenista convertido. O seu nome é realmente grego, abreviação de *Lucano* ou de *Lukios.* A sua formação explicaria em parte o gênero de reconstrução dado ao material que ele pôde descobrir para escrever sua obra (cf. Lc 1,1-4). A sua educação e o seu temperamento lhe conferiram aquela exigência de precisão e de moderação e de cortesia que aparecem constantemente, nos seus escritos e nas suas atitudes.

O prólogo – aquilo que antecede, que vem antes – leva a pensar na vontade que Lucas tinha de escrever um livro a um grande público, para informá-lo sobre a fé cristã e ajudá-lo na libertação dos preconceitos que poderiam ter a respeito. As razões concretas que teriam levado Lucas a escrever sua obra são diversas, segundo os estudiosos: Lucas teria escrito sua obra com a finalidade de defender o cristianismo dos ataques dos judeus ou simplesmente defender a pessoa de Paulo dos mal-entendidos a que andava sujeito junto aos judeus-cristãos; sustentar a liberdade do cristianismo diante do judaísmo; resguardar o cristianismo da influência dos gnósticos; ou mesmo preencher o vazio da parusia pregada por ele.

O mais importante, porém, é que ele nos diz o seguinte: o tempo da realização da salvação se atua em dois momentos estreitamente, conexos que formam o momento de Jesus e aquele da comunidade.

A comunidade lucana parece ter superado o choque com o judaísmo e o impacto com o mundo não cristão. Mostra ter consciência de que os pobres são os preferidos de Deus e do seu Filho Jesus. A palavra "pobres" é uma designação global que abraça os cegos, os doentes, os inválidos, as viúvas e os aflitos, os excluídos, isto é, os samaritanos, as mulheres, os leprosos, pois, todos são chamados a ocupar os primeiros lugares no Reino. Estes acolheram o anúncio da Boa Notícia e saíram do estado de marginalização em que viviam. A comunidade lucana se preocupa em ser sinal de fé no mundo até os confins da terra (cf. At 1,8).

A crítica recente colocou em questão a data de composição de todos os evangelhos. Para Lucas essa oscila entre os anos 60-70 e 80-90. A data mais comum é aquela entre os anos 80-90. O ambiente em que foi escrita a obra lucana foi deslocado da Grécia até a Síria e à Ásia Menor, mas sem suficientes razões e provas autênticas. Permanece a probabilidade que se trate de alguma localidade do Mediterrâneo Oriental. Deve-se excluir a Palestina e os territórios vizinhos.

Cada uma dessas versões, nas quais são transmitidas as palavras de instituição levam ao texto litúrgico do uso que a própria comunidade fazia nas suas celebrações da ceia do Senhor. Na forma que chegou até nós, portanto, as palavras de instituição são já um patrimônio em certo sentido, que conta com uma comunidade celebrante como respaldo e estruturada em função desta celebração. É o que falam os estudiosos da última ceia de Jesus por, ocasião da páscoa antiga do povo de Israel. Em Lucas vamos encontrar uma narrativa que fala da ceia pascal, na qual se dá a instituição da Eucaristia:

> Quando chegou a hora, ele se pôs à mesa com seus apóstolos e disse-lhes: Desejei, ardentemente, comer esta páscoa convosco antes de sofrer; pois, eu vos digo que não a comerei até que ela se cumpra no Reino de Deus. Então, tomando um cálice, deu graças e disse: Tomai isto e reparti entre vós; pois, eu vos digo que doravante não beberei do fruto da videira, até que venha o Reino de Deus. E tomou um pão, deu graças, partiu e distribui-o a eles, dizendo: Isto é o meu corpo que é dado por vós. Fazei isto em minha memória, E, depois de comer fez o mesmo com o cálice, dizendo: Este cálice é a Nova Aliança em meu sangue, que é derramado em favor de vós (Lc 22, 14-20).

Salta aos olhos o grande desejo de vida plena que Jesus tem em vista da realização do Projeto salvífico do Pai confiado a Ele. O desejo de Jesus para que a vida do Reino chegue quanto antes parece estar colocando uma delimitação do tempo presente, para que este se abra para a eternidade. Daí as expressões do evangelista de certas palavras como as que seguem:

> Desejei ardentemente, comer esta páscoa convosco antes de sofrer; pois eu vos digo que já não a comerei até que ela se cumpra no Reino de Deus (Lc 22, 15-16)[10]...doravante não beberei do fruto da videira, até que venha o Reino de Deus (Lc 22,18).

Por este motivo na teologia do evangelista fala-se que a comunidade dos fiéis celebra o Vivente. Segundo exegetas,

---

[10] Jesus demonstra clara consciência de que com sua morte irromperá o Reino , o qual abre as portas da vida plena para todos aqueles que acreditam nesse anúncio e na pessoa de Jesus, que o desejam, ardentemente. Parece apressar a hora de Deus, que vem através do Reino, o qual passa pela sua morte.

o Vivente não significa um que está ainda em vida, mas que é a Vida mesma. É aquele que entrou num mundo que é o mundo de Deus, o Vivente por essência[11], de acordo com a tradição bíblica (cf. Dt 5,26; Ez 5,11). O Ressuscitado é aquele que vive a mesma Vida do Deus vivo e está presente em meio a seu povo pela Eucaristia, de um modo singular e único, pois Ele é o Ressuscitado de Deus que tem um destino determinado pelo Pai que O envia.

Para explicar o significado da morte de Jesus à sua comunidade, Lucas apresenta-a na interpretação de subida ao Pai[12]. É o único evangelista que fala da morte de Jesus como êxodo[13]. Êxodo das trevas, da escravidão para uma ascensão que é o início do bem. Páscoa e ascensão estão unidas no final do evangelho (cf. Lc 24,1-53).

Lendo, atentamente, a narrativa da morte de Jesus encontramos em Lucas, tanto a interpretação da palavra partida de partir, ir embora, como de assunção de ascender, do itinerário de Jesus. Estas palavras devem ser entendidas em relação a tudo o que precedeu na vida e na obra de Jesus. É, de fato, o conteúdo mais denso do caminho que Ele fez pregando o Reino que já estava no meio de nós.

Nesse contexto a morte de Jesus, como êxodo e como ascensão, está sempre em ato porque é a vida que a morte

---

[11] Cf. BOFF, Lina, *Espírito e Missão na obra de Lucas-Atos. Para uma teologia do Espírito*, S. Paulo, Paulinas, 2003, p. 87.

[12] Evidentemente, aqui estamos bem nos inícios da reflexão teológica. Uma reflexão profunda da teologia, com um vocabulário próprio, e com uma certa metodologia, na Igreja, só começou em 1100 com Abelardo. Com isto não queremos afirmar que até então não tivesse tido teologia, sobretudo a teologia elaborada pelos Padres da Igreja nas suas pregações. O que queremos dizer é que a sistematização mais cientifica só aparece em 1200 com os tratados teológicos. Para isto consulte MARTINI, C. M., "Vangeli e tappe della maturità Cristiana nella chiesa primitiva", in *Nuovo Dizionario di Spiritualita*, Paoline, Roma, 1982, p. 13 e 14.

[13] Cf. PIKAZA, J., *A teologia de Mateus*. São Paulo, Paulinas, 1978, p.133.

não domina. Daí o fato de atribuir à morte de Jesus um sentido de êxodo-partida e ascensão-transformação a uma nova vida. Para explicar este processo de vida, o evangelista usa a metáfora da semente da nova vida (cf. Lc 8,11-15)[14] explicada por Jesus através de uma Parábola.

Esta semente deve morrer depois de ter sido plantada na história humana para deixar lugar a uma nova vida. Os relevos que ele faz são (cf. Lc 8,4-8): o semeador é Deus, origem da nova vida; a semente é Palavra de Deus, o Filho, colocada no coração das pessoas; a terra, representa a condição humana para a germinação da semente, que seria a história pessoal de cada um de nós; o fruto é a nova vida que a semente produz.

Esta semente deve transformar o coração humano como transformou o coração dos discípulos de Emaús (Lc 24,31s) que ao abrirem os olhos levantaram-se e foram para Jerusalém narrar os acontecimentos do Ressuscitado aos seus companheiros (cf. Lc 24,33-35). A evidência da transformação provocada pela semente na comunidade cristã é tornar as pessoas agentes de transformação de nova vida.

Na morte da semente está o princípio, êxodo e assunção: o primeiro como chegada do tempo do sofrimento e morte que geram vida; o segundo como complemento dos dias destinados a este sofrimento.

Outra significativa evidência que se deve dar à vida messiânica na interpretação de Lucas é a pedagogia que ele utiliza para falar da morte do mártir Jesus na cruz, é a pedagogia que conduz todas as pessoas à comunhão com Deus. Somente Lucas diz que o centurião romano louvou a Deus antes de crer: *Realmente, este homem era um justo!* (Lc 23,47); a sua confissão de fé se dá sem sinais apocalípticos; as testemunhas da morte de Jesus batiam no peito de arrependimento.

---

[14] NAVONE, J., Anotações feitas em sala de aula, Roma, Gregoriana, 1982.

Em tal contexto o evangelista mostra o efeito da morte de Jesus, a transformação do coração. Há ainda outra insistência sobre o arrependimento de Pedro. A sua missão não fracassou. O seu caminho é a verdade na qual tudo se funda e se condensa. Ajudados pelo poder de seu Espírito nos envia para a missão universal, a fim de realizarmos a transformação que Ele começou. Deus está chegando porque os corações estão mudando.

Na ascensão termina o livro da vida de Jesus. O nosso Companheiro de estrada está no Pai. Pela ascensão sabemos que Ele transcende os caminhos da terra, é dom que plenifica e satisfaz as nossas ânsias. Pela ascensão Jesus não sai do campo da vida da terra. Mas Ele sabe penetrar em nós colocando seu Espírito nas raízes da vida para nos transformar.

Enfim, para concluirmos este parágrafo que fala das tradições sinóticas - Marcos, Mateus e Lucas - afirmamos que estas comunidades souberam preservar fragmentos da tradição da memória e da esperança de suas comunidades, integrando-as nos dois gestos da Ceia: em seu começo e em seu fim, segundo Lucas. E segundo Marcos e Mateus, estes elementos foram integrados na Ceia do Reino voltada para a expressão imperativa cheia de esperança em nossas celebrações eucarísticas: *Marana Tha!*, "Nosso Senhor da Casa, vem"! Ou "Vem, Senhor Jesus"!

5. A originalidade do relato joanino da Eucaristia

Quando chegamos em João, mais tarde do tempo da tradição sinótica, encontramos o lava-pés (Jo 13, 1-20). A exegese contemporânea interpreta esta cena que se dá sem a narrativa das palavras de instituição como um ato simbólico de Jesus conectado ao serviço de quem celebra a Eucaristia. Não há a ceia pascal na qual se reparte o pão e se distribui o vinho sem ligar este gesto com o serviço ao outro. A cena é tomada pelo sentido que João dá ao serviço do Mestre que se abaixa diante de cada um e lava os pés.

O que o escritor sagrado quer nos ensinar é que Jesus, através da ceia pascal, muda o sentido do serviço que era feito pelo menor, pelo escravo. Aquele considerado o último será o primeiro porque serve e não porque manda, ordena ou é servido. Para ser o maior deve servir e dar-se em serviço.

O serviço de dar a vida, o serviço de entregar-se, a ponto de perder a própria vida para que todos possam viver uma vida plena, é a lição mais evidente de Jesus nesta cena descrita por João. Não basta repartir o pão e o vinho transformados no corpo e no sangue vivos de Jesus. É preciso doar-se servindo. É o serviço de dar a vida que transforma o mundo, a sociedade, as pessoas, cada um de nós. Este evangelho foi visto e refletido como o evangelho da maturidade cristã. O que se quer dizer com isto? O texto joanino explica:

> Depois que lhes lavou os pés, retomou o seu manto, voltou à mesa e lhes disse: Compreendeis o que vos fiz? Vós me chamais de Mestre e Senhor e dizeis bem, pois, eu o sou. Se portanto, eu o Mestre e o Senhor vos lavei os pés, também deveis lavar-vos os pés uns dos outros, Dei-vos os exemplo para que como eu vos fiz, também vós o façais (Jo 13, 12-15).

É partindo deste fundamento que se fala da pessoa madura, da pessoa que alcançou a estatura crística, como diz São Paulo, não porque sem defeitos, mas porque se abriu ao *telos*, ao cume da sua caminhada espiritual e se faz pequena como seu Mestre para engrandecer a humanidade toda e elevá-la. Em João 6,51 ele afirma a doação exigida por esta maturidade espiritual, ao fazer seu discurso sobre a multiplicação dos pães:

> Eu sou o pão vivo descido do céu; o pão que eu darei é a minha carne para a vida do mundo; se não comerdes a carne do Filho do Homem e não beberdes o seu sangue, não tereis a vida em vós (Jo 6, 51).

É o único evangelista a usar as expressões de "comer a carne", "beber o sangue", expressões repudiadas pelos judeus. O autor se interessa muito mais pela profundidade dos gestos, pela interioridade das realidades concretas, do que pelos milagres que ele os qualifica como Sinais. João coloca o prego no lugar mais sensível da tradição judaica. O pão autêntico é Jesus mesmo, é sua carne; e o sangue é sua vida para a vida eterna. Quem não tiver fé, não vai aceitar esta linguagem e nem quem a proclamou.

Nesta concepção a Eucaristia supera o símbolo para se tornar a Realidade deste símbolo. João nos dá o lado obscuro da Eucaristia interpretada pela teologia anterior a dele. Ele nos ensina que a Eucaristia é engajamento, serviço ao outro e doação inteira da vida toda.

Esse lado da Eucaristia foi um tanto obscurecido ao longo da história, que se distanciou do sentido mais profundo da última ceia, que precede ao evento da ressurreição e à vinda do Espírito Santo. Em tal contexto pode-se dizer que não há somente uma dimensão escatológica da Eucaristia, mas toda ela é um gesto escatológico do presente comprometido , que aponta para a vida plena da eternidade em Deus e seu Mistério de amor.

Não há Eucaristia sem escatologia. Esta é bastante evidenciada no contexto do discurso de Jesus sobre o pão da vida, em seus capítulos 5 e 6, sobretudo quando evidencia a escatologia presente e futura da Eucaristia.

As afirmações escatológicas do presente e do futuro[15] são justapostas. João fala de uma escatologia do presente em 5,25 quando diz:

> Em verdade em verdade, vos digo: vem a hora – e é agora – em que os mortos ouvirão a voz do Filho de Deus e os que o ouvirem viverão! No discurso sobre o pão da vida, em 6,26s, afirma: Trabalhai, não pelo alimento que se perde, mas pelo alimento que permanece para a vida eterna, alimento que o Filho do Homem vos dará (Jo 5,25).

Jesus quer destacar uma escatologia iminente, uma adiada, uma antecipada ou realizada. Esta é a perspectiva escatológica própria de João. Quando o povo, depois do sinal da multiplicação dos pães, procura Jesus com a intenção de garantir o próprio sustento, Jesus contrapõe a preocupação desse povo pelo alimento material à preocupação por um alimento que dura para a vida eterna:

> Trabalhai não pelo alimento que se perde, mas pelo alimento que permanece até a vida eterna, alimento que o Filho do Homem vos dará, pois Deus, o Pai, o marcou com seu selo isto é, com o Espírito Santo (Jo 6,27).

---

[15] Fala-se de escatologia presente e futura para dar a compreensão escatológica do presente em João, que assume uma relevância significativa quando fala do discurso de Jesus sobre a obra do Filho que atribui já, agora, a vida eterna a quem crê no Filho. Mediante a fé, passa-se já, agora, da morte do pecado à verdadeira vida e não se vai mais ao encontro do juízo, pois que, a hora esperada já irrompeu com a vinda do Filho ao mundo: *Em verdade, em verdade vos digo: 'vem a hora – e é agora –...'* (Jo 5,25). O fundamento dessa escatologia é a fé, retomada como escatologia do futuro no capítulo 6, quando João fala da ressurreição no último dia (Jo 6, 39-40; 64).

A escatologia futura deve, evidentemente, preservar a afirmação da escatologia presente de um mal-entendido, como explica Paulo em sua Carta a Timóteo (cf. 2Tm 2,18) [16].

Pode-se concluir, afirmando que quem crê recebe a vida de Jesus através do seu Memorial celebrado no mistério da Eucaristia que inclui o Lava-pés. Nesse contexto e a partir dessa compreensão, as duas afirmações – a vida escatológica vivida no presente e a vida escatológica vivida no futuro – não se excluem, na compreensão do redator ou do evangelista, mas se completam uma à outra.

Ademais, a compreensão de viver a vida plena de Jesus ainda no tempo presente, vem modificada mediante algumas anotações relativas à escatologia futura. Tais anotações chamam a atenção sobre a ressurreição final. No capítulo 13 por exemplo, onde é descrita a cena do Lava-pés, encontramos expressões como:

> Antes da festa da Páscoa, sabendo Jesus que chegara a sua hora de passar deste mundo para o Pai, tendo amado os seus que estavam no mundo amou-os até o fim (Jo 13,1).

O amor-*agapè* e a fé-*pists* são elementos unificantes na teologia de João porque tudo se resume a estes dois elementos na atitude de Jesus ao lavar os pés de seus mais íntimos, na convivência, na pregação do Reino e na participação de seu mistério, após haverem recebido o mandato de

---

[16] Não nos parece destituída de explicação mais profunda a Segunda Carta que Paulo escreve a Timóteo, 2Tm 2,18, sobretudo. Nesta se reflete a situação de um novo cativeiro de Paulo, o qual se encerraria com a morte. Esta Carta seria como que o testamento de Paulo precedido de pouco ao seu martírio que se dá em torno ao ano 67. É verossímil que a tenha escrito no fim de sua vida. Assim recomenda a Timóteo contra os falsos doutores que se opõem à ressurreição futura: *Eles se desviaram da verdade, dizendo que a ressurreição já se realizou; estão pervertendo a fé de vários.*

anunciarem à humanidade toda a vida nova que irrompe do mistério pascal.

III. Interpretar o testemunho de Paulo, da tradição sinótica e do Lava-pés

Quando Jesus sentava para comer com as pessoas que o convidavam ou Ele mesmo se dava em convite às pessoas ou famílias, como no caso de Zaqueu (Lc 19, 1-10), só para citar um exemplo, Jesus dava a estas refeições um sentido de reconciliação da humanidade com Deus. Jesus come na mesma mesa com os publicanos e os pecadores, não só para simbolizar a reconciliação de Deus com a humanidade, mas para encontrar as pessoas, conviver com elas no tempo presente e a partir de seus ensinamentos, fazê-las entrar do tempo para a eternidade, que não tem tempo, porque tudo é fluir de um presente do Eterno.

1. Por que Jesus comia com os pecadores, as mulheres e os publicanos

As refeições de Jesus com estas pessoas e com as demais categorias sociais de seu tempo, que viviam à margem da sociedade, tinham um significado de salvação que libertava, uma força soteriológica fundamental que indicava a ação salvífica do Pai mediante a obra d´Ele, como Filho enviado que atua pelo Espírito Santo.

Com isso Jesus quer afirmar o triunfo final de todos os gestos humanos da nova criação que está chegando nos sinais do Reino de Deus sobre os gestos da destruição e da morte. Pois, a reconciliação salvadora de Deus não descansa no mistério, mas naquilo que se experimenta no dia a dia da nossa vida. É esta estrutura veterotestamentária que mais tarde remete à Eucaristia como Memorial do sacrifício da cruz e plasma uma linguagem própria de culto e de doação.

As refeições de Jesus, portanto, constituem um sinal dessa reconciliação, um sinal da vinda do reinado de Deus, porque sua finalidade intrínseca aponta para além da simples refeição humana como encontro, como comensalidade e aproximação com as pessoas. A refeição de Jesus integra todas as gerações na misericordiosa ação de Deus para com sua criatura. Deste modo, das muitas refeições à última ceia que Jesus fez com todas as categorias de pessoas de seu tempo, da última ceia, ele fez seu testamento de despedida deste mundo para o Pai, ceia que teve várias interpretações ao longo da história, sobretudo a partir da ressurreição.

A intenção de Jesus ao fazer a última ceia era dar-se a si mesmo de forma real e viva a cada um de nós. Não só, mas também doar-se por todos aqueles que haveriam de crer n´Ele (Jo 17,20), por meio do anúncio do mistério da verdade salvífica do Pai, plenificada nessa doação total de Jesus. A intenção d´Ele era a de deixar um sinal que ultrapassasse a própria realidade deste mundo que nos cerca, para que essa realidade se transformasse n´Ele mesmo, o Jesus vivo e real, com seu corpo e com seu sangue, ressuscitado, transformado em corpo glorioso e dado como alimento de vida eterna para todos.

As refeições de Jesus com os publicanos e os desprezados, como no caso das parábolas da misericórdia em (Lc 15,1s)[17] e no episódio de Zaqueu em (Lc 19,5s)[18], são ações de valor querigmático, uma verificação da palavra de perdão de Jesus.

---

[17] Trata-se das três parábolas da misericórdia: a da ovelha perdida, a da moeda encontrada e a parábola do filho pródigo.

[18] A narrativa citada no texto apresenta Jesus como aquele que toma a iniciativa de encontrar-se e sentar à mesa com Zaqueu.

2. A intenção de Jesus ao fazer a última ceia

As refeições em comum do Jesus terreno com as pessoas de seu tempo, como as refeições do Ressuscitado com os discípulos, representam momentos que se ligam com os motivos fundamentais da última ceia de Jesus. A celebração regular da ceia, na comunidade primitiva, nasceu de todo esse complexo. A ceia do Senhor na comunidade pascal tinha um componente fortemente escatológico; todavia, o olhar retrospectivo à morte de Jesus é parte constitutiva da ceia na sua forma mais antiga que se encontra, sobretudo, em Mateus.

Nesse quadro de interpretação, seu corpo doado torna-se comida eterna, que comendo dela ninguém mais sentirá fome; e o seu sangue derramado torna-se bebida escatológica, que dá vida plena a todos os que aceitam a vida e a *ghesta*[19] de Jesus durante sua passagem por este mundo, fazendo bem todas as coisas. Jesus se dispôs a doar sua vida por nós até à própria morte, porque Ele pregou o Reino de Deus, e este Reino só poderia vir através da doação total de sua vida.

A culminância dos fatos históricos vividos por Ele durante sua pregação e vida pública, apontava para um fim trágico de sua vida. Mas a confiança que Ele tinha no Pai e no seu Projeto de reconciliação com a humanidade toda dava-lhe a certeza de que com o sacrifício de sua vida, o Reino por Ele pregado chegasse à plenitude. O mistério de sua caminhada terrena, sua vida, paixão, morte e ressurreição são o coroamento da vida plena, que se dá com o envio do Consolador e da Nova Vida, no Espírito sobre toda a carne (cf. At 2,17).

Os fatos narrados pelas primeiras comunidades cristãs, sobretudo nos sinóticos, indicam que a intenção de Jesus

---

[19] A palavra *ghesta* quer incluir toda a vida prática de Jesus na pregação do Reino do Pai.

com sua morte era, realmente, trazer a irrupção do Reino. Este fato, porém, não se deu como fora a intenção d'Ele e como os discípulos esperavam. O que veio foi a ressurreição, e com a ressurreição a última ceia passa a ser compreendida como Eucaristia ou Ato de ação de graças.

O primeiro a fazer da ceia uma liturgia viva e de eficácia sacramental foi o próprio Jesus. Ele relaciona de modo único sua morte sacrificial na cruz com a doação sacramental do pão e do vinho. Isso tudo não se entende sem uma relação histórica com a vontade de Jesus: com o que Ele fez e disse na ceia de despedida, ainda mesmo que não se possa conhecer o conteúdo exato de suas palavras.

Pois tudo isso chegou até nós através da tradição oral e dos escritos de pessoas e comunidades que viveram a experiência da ressurreição de maneira mais próxima de Jesus. Por esse motivo estavam mais ligadas à intenção fundamental de Jesus quando este realizou sua última ceia com os amigos.

Segundo os relatos do Novo Testamento, os elementos da natureza, representados pelo pão e pelo vinho, guardam íntima relação com a doação total da vida toda de Jesus para reconciliar a humanidade com Deus. O cálice da Eucaristia tem íntima relação com o cálice que foi oferecido a Jesus no horto das Oliveiras, significando o sofrimento pelo qual Jesus devia passar. O corpo, representado pelo pão partido passa a significar a tortura e o martírio assumidos por Jesus, ao ser entregue ao poder das trevas.

3. Concluindo: a interpretação desse evento pelos discípulos

Encontramos esta interpretação no significado das palavras que formam os relatos da instituição isto é, da criação da eucaristia como sacramento-sinal. Com efeito, a interpretação que temos hoje, não depende somente da intenção de Jesus – se é que podemos chegar a conhecê-la –, mas também das concepções dos discípulos, que funcionaram como caixa de ressonância das palavras de Jesus.

Tendo estabelecido isso, pode-se falar das diferentes interpretações dadas à última ceia feita por Jesus com seus discípulos, junto com as comunidades que viveram mais próximas a Ele, como também pelas comunidades do tempo mais tardio, como a comunidade de João, sobretudo. A Ceia do Senhor, na comunidade primitiva, não é simplesmente o prosseguimento das refeições cotidianas dos discípulos com o Jesus terreno; porém, entram no contexto das narrativas das refeições em comum de Jesus, não só com as refeições feitas com os discípulos, mas com aquelas feitas com os publicanos e os pecadores.

Mais ainda, as refeições que Jesus fazia com as pessoas curadas e que se sentiam próximas de Deus, porque ele lhes trouxera a misericórdia do Pai e o perdão dos pecados, não são a mesma coisa que a Última Ceia feita com os Doze. Diante do que estamos falando pode-se tomar as palavras do papa João Paulo II, em sua Carta encíclica *Ecclesia de Eucharistia,* ao levantar a seguinte pergunta:

> Teriam os Apóstolos, que tomaram parte na Última Ceia, entendido o significado das palavras saídas dos lábios de Cristo? Talvez não. Aquelas palavras seriam esclarecidas plenamente só no fim do *Triduum Sacrum* ou seja, aquele período de tempo que vai da tarde de Quinta-feira Santa até a manhã do Domingo de Páscoa. Nestes dias, está contido o m*ysterium paschale;* neles está incluído também o *mysterium eucharisticum*" [20].

[20] JOÃO PAULO II, *Carta Encíclica Ecclesia de Eucharistia*, S. Paulo: Paulinas, 2003, artigo 2, parágrafo 2º.

Neste quadro, as primeiras comunidades ligam a ressurreição à Eucaristia. Com a ressurreição o sentido originário e fontal da última ceia toma um significado específico, único na celebração da Eucaristia que se torna sinal-sacramento. Este ultrapassa o sentido do tempo presente, resgata o passado para integrar tudo na direção do futuro definitivo. Tanto que, o elo que une a Eucaristia como Ceia e Sacramento é a *Ressurreição.* Jesus vivo e presente na Eucaristia como ressuscitado, que a comunidade celebra quando se reúne, celebra e torna presente a presença de Jesus como realidade mesmo.

A celebração eucarística supera o símbolo para se tornar realidade. A ceia que era sinal de reconciliação passa a ser realidade da presença de Jesus vivo, ressuscitado, glorioso e Senhor da vida em plenitude. O sinal é superado pela realidade. O símbolo é absorvido pela verdade verdadeira.

A conclusão não pode ser outra: As refeições feitas por Jesus durante sua vida terrena sinalizam, apontam, preparam a Ceia nitidamente escatológica, Ceia da presença real de Jesus vivo e ressuscitado, glorioso e Senhor. Na celebração desse Memorial a assembleia aclama com fé a ligação da ressurreição com a Eucaristia: *Proclamamos a vossa ressurreição.* Com efeito, o sacrifício eucarístico torna presente não só o mistério da paixão e morte do Salvador, mas também o mistério da ressurreição, que dá ao sacrifício a sua coroação. Por estar vivo e ressuscitado é que Cristo pode tornar-se *pão da vida* (Jo 6,35.48), *pão vivo* (Jo 6,51), na Eucaristia.

Bibliografia de referência

AA.VV., *A Eucaristia: teologia e história da celebração*. S. Paulo: Paulinas, 1987

A.A.VV. *A Eucaristia na Bíblia*, S. Paulo, Paulus, 1985

ALDAZÁBAL, J., *A Eucaristia*. Petrópolis: Vozes, 2002

BOFF, L., *Os Sacramentos da Vida e a Vida dos Sacramentos. Mínima Sacramentalia,* Petrópolis, Vozes, 1979

BROUARD, M., (org.), *Eucharistia. Enciclopédia da Eucaristia,* S. Paulo: Paulus, 2006, tradução de Benôni Lemos

CNBB, *Eucaristia vida que se celebra. Para viver melhor o mistério da Eucaristia na vida*, S. Paulo, Paulus, 2000

COENEN, L. - BEYREUTHER, E. - BIETENHARD, H. (orgs), *Dizionario dei concetti biblici del Nuovo Testamento,* Bologna, Dehoniane, 1991, tradução de A. Dal Bianco, B. Liverani, G. Massi

FEINER, J., LOEHRER, M., *Mysterium Salutis/IV/5. Eucaristia: Mistério central,* Petrópolis, Vozes, 1977, tradução de Edmundo Binder

JOÃO PAULO II, *Exortação Apostólica Pós-Sinodal Sacramentum Caritatis,* S. Paulo, Paulinas, 2007

---, *Carta Encíclica Ecclesia de Eucharistia,* S. Paulo, Paulinas, 2003

KOCH, G. *Lessico di Teologia Sistematica.* Queriniana, Brescia 1990, 275 a 279.

LAVATORI, R., *Il Signore verra nella gloria. L´escatologia allá luce del Vaticano II,* Bologna, Dehoniane, 2007

PAOLI, A., *Prendete e mangiate*, Bagni, Meridiana, 2005

SOUZA, pe. A.M., *O que são os Sacramentos?,* S. Paulo, Paulinas, 1986

TABORDA, F. Sacramentos, práxis e festa. Para uma teologia latino-americana dos sacramentos. Petrópolis: Vozes, 1998

MISTAGOGIA NA EUCARISTIA: RE-CAMINHAR NAS FONTES DOS PADRES DA IGREJA

Rosemary Fernandes da Costa[21]

I. No caminho dos Padres da Igreja

O tema da Eucaristia convida à retomada da unidade sacramental entre o **Batismo, a Confirmação e a Eucaristia**, experimentada na Igreja dos primeiros tempos. Para tanto, a comunidade apostólica nos apresenta a concepção de "caminho", fonte para a compreensão de seguimento de Jesus, de formação de discípulos e de comunidade eclesial.[22]

---

[21] Doutora em Teologia, pela Pontifícia Universidade Católica do Rio de Janeiro (2008), e bacharel em Filosofia, pela Universidade do Estado do Rio de Janeiro (1984). Atualmente é professora da Pontifícia Universidade Católica do Rio de Janeiro, do Colégio Teresiano e do Colégio Estadual Heitor Lira. É criadora e coordenadora do curso de Pedagogia da Fé, do Centro Loyola de Fé e Cultura e Arquidiocese do Rio de Janeiro. Tem experiência na área de Teologia, com ênfase em Pedagogia da Fé, atuando principalmente nos temas: iniciação cristã, mistagogia, evangelização; catequese, educação religiosa.

[22] No NT não aparece um processo de Iniciação como preparação para o Batismo, mas já se percebem dados que, de modo germinal e implícito, aludem a certo tipo de preparação. Não é celebrado de modo repentino e espontâneo, como podem levar a pensar alguns textos (cf. At 2,37-38; 2,41). Ao contrário, vários indícios mostram a necessidade de uma preparação e discernimento, como: a sucessão das sequências: pregação, acolhida, conversão, petição, batismo. (cf. At 2,37-39; 8,27-28); a descrição da iniciação como processo generativo que implica uma decisão irreversível (cf. Hb 5, 12-6,3); a exigência de uma fé verdadeira que renuncia a ídolos e vem a servir ao Deus vivo e verdadeiro (cf. 1Ts 1,9-10); a distinção que, de algum modo se faz, entre a primeira evangelização, a petição do batismo e a catequese, tal como aparece no caso de Cornélio (cf. At 10,1-

Os Padres da Igreja compreenderam o 'caminho' de seguimento como inserção progressiva no Mistério de Cristo e na comunidade da Igreja, celebrada nos três sacramentos de iniciação - Batismo, Confirmação e Eucaristia - consagrada pela tradição como Iniciação Cristã.[23]

Contudo, há um dado teológico fundamental que embasa e orienta os Padres da Igreja, no que diz respeito a este processo: sua compreensão de mistagogia. Em sua concepção de Iniciação Cristã, os Padres orientavam este processo como caminho de introdução, abertura e diálogo com o Mistério, um caminho vital e de integração do ser humano em suas muitas dimensões.

1. Um caminho mistagógico

Para os Padres da Igreja dos primeiros séculos, especialmente final do século III e início do século IV, a mistagogia é compreendida como o fundamento e a orientação do processo de Iniciação Cristã. Ela é o grande referencial que inspira e ilumina este processo. A mistagogia determina que a iniciativa, a centralidade e a meta do processo residem na dinâmica da Revelação entre Deus e a humanidade.

11,18). Cf. BOROBIO, D. Verbete Catecumenado. In: FLORISTÁN SAMANES e TAMAYO, J. (dir.) *Conceptos fundamentales de Pastoral*. Madrid: Cristiandad. 1983, p. 100.

[23] A expressão 'iniciação cristã' foi empregada, no final do século XIX, para designar os sacramentos do batismo, confirmação e eucaristia; especialmente por liturgistas, em grande medida por influência de Odo Casel. (1886-1948-Monge beneditino, principal expoente da reforma e renovação litúrgica e por isso veio a ser chamada teologia dos mistérios). Aparece oficialmente no Diretório para a pastoral dos sacramentos do episcopado francês em 1951 e é usada várias vezes nos documentos do Vaticano II. O Concílio afirma que o batismo, a confirmação e a eucaristia são sacramentos da iniciação cristã. Cf. *AG* 14; *PO* 2; *SC* 71; FLORISTÁN SAMANES, C. La Iniciación Cristiana. In: *Phase* 171, Barcelona: Centro de Pastoral Litúrgica, 1989, p. 215; NEUNHEUSER, B. Movimento Litúrgico. In: SARTORE, D. e TRIACCA, A. (orgs.) *Dicionário de Liturgia*. São Paulo: Paulinas, 1992.

Ao recordarem a iniciação sacramental, os Padres Gregos[24] usam os termos *mystagôgéô* – introduzo ao mistério –, e *mystagôgía* - introdução aos mistérios[25]. Estes termos eram aplicados em diferentes situações e significados:

- como introdução aos mistérios;
- como iniciação ao mistério do Batismo e da Eucaristia;
- como a revelação na Bíblia;
- como instrução ao mistério de Cristo, do Espírito Santo e da Igreja;
- e também como ensinamento espiritual.

Como podemos perceber o termo mistagogia se apresenta como referência não apenas com relação aos sacramentos de Iniciação, mas também aos momentos celebrativos que representavam a conclusão de um longo percurso de crescimento na fé, gradual mudança de vida, progressiva santificação e inserção cada vez maior na vida eclesial[26].

Segundo esta sabedoria, a Iniciação Cristã está fundada sobre dois pressupostos: o desenvolvimento de uma fé pessoal, acompanhada pela mudança de vida, e a ação educa-

---

[24] A partir da metade do século II e início do século III, os Padres passaram a escrever para defender a fé cristã das ideias heréticas. Os Padres de língua grega foram grandes apologistas, entre eles, os principais foram Justino, Taciano, Atenágoras, Teófilo de Antioquia, Orígenes, Clemente de Alexandria e Tertuliano de Cartago. A partir do século IV destacaram-se Eusébio de Cesareia, Gregório Nazianzeno, Gregório de Nissa e João Damasceno. Cf. DROBNER, H. R. *Manual de Patrologia*. Petrópolis: Vozes, 2003, pp. 76-79.

[25] Um elenco detalhado dos diversos significados de mistagogia e vocábulos derivados podemos encontrar em FEDERICI, T. La mistagogia della Chiesa. In: ANCILLI. E. (ed.) *Mistagogia e direzione spirituale*. Roma/Milano: Teresianum - OR, Milano 1985, pp. 163-245.

[26] João Crisóstomo recorda aos iluminandos: "Também vós sereis iniciados aos mistérios". Tertuliano, referindo-se aos mistérios cristãos e aos sacramentos, fala de iniciação. Tanto na igreja oriental, como na igreja ocidental, os catecúmenos são chamados 'não iniciados' até a celebração da Vigília Pascal. Cf. CRISÓSTOMO, J. *Cat.* I, 5, *PG* 49, 239; *Cat.* II, *PG* 49, 225; *Cat.* III, 3, 6 e 8, *SC* 366, 174, 188 e 194; TERTULIANO, *Apologet.* VII, 7, *CCL* 1, 99; AMBROSIO, *De Mysteriis* 2, *BAC* 17.

tiva e santificadora da Igreja, que encontra sua expressão culminante na celebração dos sacramentos de iniciação[27]. Em outras palavras, segundo as fontes patrísticas, a Iniciação Cristã possui duas dimensões, como duas mãos que se articulam: a dimensão catequética e a dimensão sacramental[28]. Estas dimensões não possuem uma hierarquia e sim uma correlação intensa, dinâmica, incessante.

A teologia dos Padres nos convida, portanto, a resgatar a Eucaristia no seu dinamismo teológico, como experiência mistagógica que incorpora cada fiel à Páscoa de Cristo, e marcados com o caráter sacramental, os fiéis podem associar-se ao sacrifício do Senhor, aprendendo a oferecerem-se a si mesmos com Cristo ao Pai no Espírito.[29]

2. Pelo resgate da teologia fontal

O papa Bento XVI, na Exortação Apostólica *Sacramentum Caritatis*, conclama para o resgate da grande tradição litúrgica, que impele os fiéis a uma participação no Mistério celebrado de forma pessoal, consciente e vivencial. Para isso, o Sínodo dos Bispos, sob o tema da Eucaristia: fonte e ápice da vida e da missão da Igreja, nos indicou "a estrada de uma catequese de caráter mistagógico"[30]. As palavras do papa Bento XVI explicitam a integração entre a liturgia e a vida cristã.

> Faz parte do itinerário mistagógico pôr em evidência a ligação dos mistérios celebrados no rito com a

---

[27] Cf. CAVALLOTO, G. *Iniziazione Cristiana e Catecumenato.* Bologna: EDB, 1996, p. 33.

[28] Cf. FLORISTÁN SAMANES, C. op. cit., p. 217.

[29] Cf. LELO, A. *Dinamismo sacramental y aplicación del Ordo Initiationis Christiana e Adultorum en Brasil.* Phase, 255, 2003, p. 213.

[30] Cf. BENTO XVI. *Sacramentum Caritatis.* Sobre a Eucaristia, Fonte e Ápice da Vida e da Missão da Igreja, n. 41, Roma: Libreria Editrice Vaticana, 2007. Disponível em: "www.vaticano.va" Acesso em: 22 de março de 2008, n. 64.

> responsabilidade missionária dos fiéis; neste sentido, o fruto maduro da mistagogia é a consciência de que a própria vida vai sendo progressivamente transformada pelos sagrados mistérios celebrados. Aliás, a finalidade de toda a educação cristã é formar o fiel enquanto homem novo para uma fé adulta, que o torne capaz de testemunhar no próprio ambiente a esperança cristã que o anima[31].

Em comunhão com a fonte patrística, convidamos ao resgate do Sacramento da Eucaristia no dinamismo do processo de Iniciação Cristã que, não apenas une os elementos relacionados aos sacramentos e à catequese, mas os integra em um processo complexo. Esta possui um eixo central, uma coluna que a sustenta, que demarca sua orientação fundamental e opções de cunho metodológico: a mistagogia.

Três dimensões da experiência da Iniciação Cristã denotam seu caráter mistagógico: é *experiência dialógica entre Deus e o ser humano*, é *experiência litúrgico-sacramental* e é *experiência eclesial.* Vejamos o desenvolvimento destas dimensões.

1. A Iniciação Cristã é uma *experiência dialógica entre Deus e o ser humano*, mediada por aqueles que já iniciaram esse caminho, pela comunidade viva e pela história, marcada pelos sinais da Revelação incessante de Deus. É uma experiência na qual se adentra e se submerge, não apenas como uma aceitação intelectual, mas integral, impregnando toda a existência com a nova vida que lhe é anunciada e a ela se configura processualmente: o Mistério pascal em Jesus Cristo[32].

---

[31] Idem.

[32] Cf. CERVERA, J.C. Iniciação Cristã. In: FIORES, S. e GOFFI, T. (orgs.) *Dicionário de Espiritualidade,* São Paulo: Paulinas, 1989, p. 576.

2. É uma *experiência litúrgico-sacramental*[33], pois envolve a abertura à Revelação mediante sinais sacramentais, sobretudo a celebração eucarística, a experiência comunitária e a própria história pessoal e da humanidade[34]. É experiência sacramental que atinge o novo discípulo no mais profundo de seu ser, configurando-o em Jesus Cristo e tornando-o sacramento no mundo, sinal do amor de Deus[35]. Essa experiência tem duplo caráter: é objetiva e é hermenêutica. É objetiva porque é Deus mesmo se revelando. É hermenêutica porque implica a compreensão, a formação de esquemas conceituais, a consciência e as respostas pessoais livres e conscientes.

3. É *experiência eclesial*, tem aí seu ponto de partida e seu desenvolvimento. O caminho mistagógico da Iniciação Cristã se apoia na Igreja, sacramento, comunidade, comunhão. A dimensão eclesial é marcada pela Iniciação Cristã, pelo seguimento de Jesus Cristo, pelo discipulado e consequente mandato missionário.

É função essencial da Igreja e manifestação concreta de sua maternidade. A Constituição dogmática *Lumen Gentium* orienta: "Os catecúmenos que, movidos pelo

---

[33] Segundo Floristán Samanes, a Iniciação Cristã é sacramental no sentido estrito do termo. Desta abordagem se deduzem seus aspectos: ritual, permanente e escatológico. O aspecto ritual está diretamente ligado aos ritos sacramentais, o aspecto permanente remete à vocação cristã, à conversão como caminho cotidiano pessoal e comunitário; o aspecto escatológico nos remete à perspectiva pascal e de plenitude do projeto salvífico. Cf. FLORISTÁN SAMANES, C. op. cit., pp. 217-218.

[34] Na compreensão dos Padres da Igreja a iniciação não se dá *ao* Mistério, mas *desde* a celebração do Mistério, *desde* a experiência de participação na comunidade, *desde* a escuta da Palavra, *desde* os ritos e símbolos litúrgicos. Enfim, o princípio ativo e fundante do processo de iniciação é o próprio Mistério de Deus que se revela. Cf. BOROBIO, D. Función litúrgico-sacramental del ministerio del catequista. In: Evangelización, Catequesis y Liturgia. In: *Phase* 38, Barcelona: Centro de Pastoral Litúrgica, 1980, p. 43; FALSINI, R. *L'Iniziazione Cristiana i suoi sacramenti*. Milano: OR, 1987 p.11.

[35] Cf. CAVALLOTO, G. op. cit. p. 8.

Espírito Santo, solicitam por vontade explícita incorporar-se à Igreja se unem a ela por este mesmo desejo, e a mãe Igreja já os abraça amorosa e solicitamente como filhos[36]".

Neste dinamismo, o Sacramento da Eucaristia é retomado como mistagogia ativa, integradora, abertura ao Mistério de Deus, que dialoga com a existência em sua totalidade, configurando a pessoa em uma nova experiência de ser.

II. A Mistagogia da Eucaristia em Cirilo de Jerusalém

É no século de ouro da patrística, período compreendido entre os Concílios de Niceia e Calcedônia (325-451) – marcado pelas grandes reflexões teológicas provenientes das controvérsias sobre o tema da dogmática, da ontologia de Deus, origem, natureza e relação trinitária –, que Cirilo de Jerusalém, juntamente com outros Padres da Igreja[37], constrói, pouco a pouco, uma iniciação teológica na qual catequese e Liturgia caminham juntas, e a experiência pessoal e o testemunho comunitário se tornam fonte de comunhão e conversão.

---

[36] *LG* 14.

[37] São os Padres Capadócios - Basílio Magno (329-379), Gregório de Nissa (335-394) e Gregório Nazianzo (330-390) - os primeiros a aplicarem o termo mistagogia às ações sacramentais do Batismo e Eucaristia. Em Gregório de Nazianzo, o termo mistagogia indica a ação sacramental em três expressões: o Batismo, a Eucaristia e o ministério presbiteral, visto como exercício da mistagogia, que o sacerdote cumpre em nome de Cristo, em virtude de sua ordenação. Ambrósio de Milão (339-400) apresenta suas homilias de caráter mistagógico sempre depois dos sacramentos da Iniciação Cristã. Suas explicações pressupõem a experiência do Mistério de Deus através de descrições, questões e aprofundamento. Também João Crisóstomo apresenta suas catequeses mistagógicas segundo a prática litúrgica pós-batismal. Cf. ROMERO POSE, E. Catequesis en la época patrística. In: VVAA. *Nuevo Diccionario de Catequética.* Madrid: San Pablo, 1999, p. 368; ANGRISANI S. M. L. Ambrósio de Milão. In: BERNARDINO A. (org.) *Dicionário Patrístico e de Antiguidades Cristãs.* Petrópolis/São Paulo: Vozes/Paulus, 2002; FEDERICI, T. La mistagogia della Chiesa. op. cit., p. 189.

Cirilo nos aponta o caminho mistagógico, reunindo teologia, espiritualidade, sensibilidade pastoral, habilidade pedagógica, fidelidade e criatividade à sua Igreja. Mais. Como Padre da Igreja, do berço da fé cristã, nos conduz mistagogicamente pelos caminhos da Revelação amorosa e misericordiosa de Deus a seus filhos e filhas.

Evidenciamos, assim, a exortação do Santo Padre Bento XVI, para que a catequese atual resgate a sabedoria de Cirilo de Jerusalém, em sua integração entre a teologia e a ação pastoral.

> Deste modo, a catequese de Cirilo, em virtude dos três elementos - doutrinal, moral e mistagógico, - converte-se em uma catequese global no Espírito. A dimensão mistagógica se converte em síntese das duas primeiras, orientando-as à celebração sacramental, na qual se realiza a salvação de todo o homem. Trata-se, em definitivo, de uma catequese integral que implica o corpo, a alma e o espírito e continua sendo emblemática para a formação catequética dos cristãos de hoje[38]".

A seguir seremos conduzidos pelo próprio Cirilo de Jerusalém, como mistagogo que nos leva pela mão e como neófitos que somos no caminho de inserção no Mistério pascal de Jesus Cristo. Atentos ao horizonte de reflexão teológica deste trabalho nos deteremos aos aspectos das Catequeses que abordam a experiência da Eucaristia.[39]

---

[38] BENTO XVI. *Audiência Geral.* 27 de junho de 2007. Vaticano: Libreria Editrice Vaticana. Disponível em: <www.vaticano.va> Acesso em: 8 de julho de 2007.

[39] Atribui-se a autoria de Cirilo de Jerusalém aos textos a seguir – *Introdução às Catequeses,* 18 *Catequeses Pré-Batismais,* 5 *Catequeses Mistagógicas, Carta ao imperador Costanzo* e *Sermão do Paralítico.* As dezoito *Catequeses Pré-Batismais* se dirigem aos catecúmenos que participarão do Sacramento do Batismo e as cinco *Catequeses Mistagógicas* são dirigidas aos recém-batizados.

1. A Primeira Catequese Mistagógica aos recém-iluminados

Na sua **Primeira Catequese Mistagógica**[40], Cirilo faz menção à vivência da vigília Pascal, uma experiência única, de participação no Mistério de Cristo. A partir, e só depois dessa experiência sacramental, torna-se possível compreender a complexidade do Mistério vivido pelos ensinamentos, chamados de mistagógicos.

Em seguida, em um trecho no qual Cirilo explicita a necessidade da renúncia ao mal, com tudo que pode afastar o neófito do processo de libertação, encontramos sua primeira menção à experiência eucarística. Observemos que sua catequese retoma a compreensão dos gestos e palavras proferidas na Liturgia.

> Assim como o pão e o vinho da Eucaristia, antes da santa epiclese da adorável Trindade, eram simplesmente pão e vinho, mas depois da epiclese o pão se torna corpo de Cristo e o vinho, sangue de Cristo, da mesma maneira estes alimentos que pertencem à pompa de satanás, por sua própria natureza simples, tornam-se, pela invocação dos demônios, impuros. (...)(CM I, 6-8)

A referência à Eucaristia deseja esclarecer que não se devem confundir o culto cristão com outros cultos considerados profanos, uma vez que, apenas no altar divino, da Trindade, se realiza o sacramento da Eucaristia. A pregação adverte para a necessidade da perseverança, olhando sempre

---

40 As citações das próprias *Catequeses Mistagógicas* serão do trabalho do Frei F. Vier. Diante das muitas edições críticas, escolhemos esta edição devido à sua proximidade com o texto grego. Cf. CIRILO DE JERUSALÉM, *Catequeses Mistagógicas*. Trad. F. VIER, introd. e notas F. FIGUEIREDO. Petrópolis: Vozes, 2004.

para frente e não para trás, como nostalgia ou retorno ao caminho que deve ser deixado definitivamente, sob pena de não gozar da plenitude oferecida em Cristo.

2. A Segunda Catequese Mistagógica sobre o Batismo

> Depois de despidos, fostes ungidos com óleo exorcizado desde o alto da cabeça até os pés. Assim, vos tornastes participantes da oliveira cultivada, Jesus Cristo. (...) (CM II,3)

Ao refletir sobre a imersão do fiel na piscina, Cirilo relembra, mais uma vez, a experiência mistagógica no verbo - *conduzir pela mão* - e identificando este momento com o momento da morte de Jesus e seu sepultamento.

> Depois disto fostes conduzidos pela mão à santa piscina do divino batismo, como Cristo da cruz ao sepulcro que está à vossa frente. E cada qual foi perguntado se cria no nome do Pai e do Filho e do Espírito Santo. E fizestes a profissão salutar, e fostes imersos três vezes na água e em seguida emergistes, significando também com isto, simbolicamente, o sepultamento de três dias de Cristo. (...) No mesmo momento morrestes e nascestes. Esta água salutar tanto foi vosso sepulcro como vossa mãe.(CM II,4)

O tema do sepulcro de Cristo, do morrer e nascer para a vida nova, e o símbolo da imersão por três vezes como Mistério pascal nos remetem aos principais conceitos relacionados com o Batismo. Passo a passo, os neófitos podem compreender sua participação na morte de Cristo e na sua Ressurreição, numa dimensão sacramental.

> Oh! Fato estranho e paradoxal! Não morremos em verdade, não fomos sepultados em verdade, não fo-

> mos crucificados e ressuscitados em verdade. A imitação é uma imagem; a salvação, uma verdade. Cristo foi crucificado, sepultado e verdadeiramente ressuscitou. Todas estas coisas nos foram agraciadas a fim de que, participando, por imitação, de seus sofrimentos, em verdade logremos a salvação.(CM II, 5)

A pregação coloca o primado de Cristo. Convida o neófito a uma atitude radical, de contemplação de dentro do Mistério em direção à própria vida, de compreensão, entrega e compromisso vital.

3. A Terceira Catequese Mistagógica sobre o Crisma

Será na conclusão da **Terceira Catequese Mistagógica** sobre o Crisma que encontraremos uma nova reflexão sobre o tema da Eucaristia. Sempre atento ao vínculo entre Antigo e Novo Testamento, Cirilo insere a unção do crisma na trajetória da História da Salvação e, dessa forma, insere cada neófito na caminhada do Povo de Deus, como escolhido, eleito, preferido e testemunha messiânica no mundo. Sublinha a centralidade de Cristo, para onde toda a história da humanidade se volta como primícias, começo e fim do projeto salvífico. Ao final da homilia, utilizando-se do recurso à catequese tipológica, Cirilo indica a diferença entre *figura* e *verdade* conduzindo à compreensão da presença real de Cristo na Eucaristia.

> É necessário que saibais que há o símbolo desta unção na Escritura Antiga. E na verdade, quando Moisés comunicou ao irmão a ordem de Deus e o estabeleceu sumo sacerdote, depois de lavar-se com água, o ungiu e foi ele chamado Cristo, em virtude, evidentemente, da unção figurativa.(...) A vós, porém, não em figura, mas em verdade. Isso, já que o começo de vossa

> salvação remonta àquele que foi ungido pelo Espírito Santo. (CM III,6)

4. A Quarta Catequese Mistagógica sobre o Corpo e o Sangue de Cristo

Na **Quarta Catequese Mistagógica**, Cirilo dedica-se especialmente ao Sacramento da Eucaristia, recebido pelos neófitos na Iniciação Cristã. É o terceiro dos sacramentos da Iniciação Cristã que, nesta caminhada da Igreja de Jerusalém, são recebidos conjuntamente, na noite da vigília Pascal.

A primeira epístola de Paulo aos Coríntios é o fundamento teológico e mediação mistagógica para esta Catequese, quando o apóstolo narra a noite da última Ceia com o Senhor e a herança que nos foi dada pelo próprio Cristo, ou seja, Ele mesmo, na Eucaristia.

> Este ensinamento do bem-aventurado Paulo foi estabelecido como suficiente para vos assegurar acerca dos divinos mistérios, dos quais, tendo sido julgados dignos, vos tornastes concorpóreos e consanguíneos com Cristo. O próprio Paulo proclama precisamente: 'Na noite em que foi entregue, Nosso Senhor Jesus Cristo, tomando o pão e depois de ter dado graças, partiu-o e o deu a seus discípulos, dizendo: Tomai, comei, isto é o meu corpo. E tomando o cálice e tendo dado graças, disse: Tomai, bebei, isto é o meu sangue'. Se ele em pessoa declarou e disse do pão: 'Isto é o meu corpo', quem se atreveria a duvidar doravante? E quando ele afirma categoricamente e diz: 'Isto é o meu sangue', quem duvidaria dizendo não ser seu sangue? (CM IV,1)

Cirilo principia este ensinamento garantindo o testemunho apostólico atestado por Paulo sobre a herança deixada por Cristo: a Eucaristia. Logo após o texto bíblico, que legitima a experiência sacramental, ele começa a trabalhar sobre as dúvidas que podem surgir de uma leitura fundamentalista do texto ou de uma leitura que não atribua veracidade às palavras de Jesus. O Mistério da Eucaristia pede ao neófito uma acolhida mistagógica, no sentido de abrir-se ao Mistério, acreditar em Jesus, confiar-se a Ele, compreender a profundidade de suas palavras e o próprio Mistério do qual participou.

Os dois adjetivos utilizados – *concorpóreo e consanguíneo* – são palavras fortes, para falar mais uma vez da configuração de cada cristão em Cristo e da participação, através do sacramento, do Mistério revelado. Podemos dizer que estes dois adjetivos conduzem também a uma atitude contemplativa sobre o rito, com o qual o próprio Jesus se faz presente sempre, através da consagração do pão e do vinho em seu corpo e sangue, na mesa compartilhada entre os irmãos na fé[41].

Na Eucaristia, Jesus participa concretamente do nosso ser, torna-se um conosco e, assim, cada um, torna-se corpo de Cristo, partícipe de sua própria natureza, como diz Pedro. O texto traz a expressão – *com toda certeza* –, no entanto, a fonte grega indica uma experiência de plenitude. No Novo Testamento, o verbo correspondente significa o cumprimento das promessas do Antigo Testamento, muitas vezes utilizado no texto paulino[42]. Aqueles que participam da Eucaristia são portadores de uma experiência plena, de

[41] Este documento traz uma ilustração do dogma da Eucaristia. Recordamos que este período, no qual as Catequeses são pronunciadas, é particularmente importante no que diz respeito ao desenvolvimento e organização da Celebração Eucarística. Cirilo enfatiza a participação do neófito no Mistério de Cristo, por meio da experiência sacramental da Eucaristia. Cf. PIÉDAGNEL, A. In: CYRILLE DE JÉRUSALÉM. *Catéchéses Mystagogiques*. Paris: Du Cerf, 1966, p. 7; MAESTRI, G. e SAXER, V. In: CIRILLO E GIOVANNI DI GERUSALEMME. *Catechesi Prebattesimali e mistagogiche*. Milano: Pauline, 1994, pp. 92-95.

[42] Cf. Cl 2,2; 1 Ts 1,5; Hb 6,11; Hb 10,22.

comunhão com Cristo, que modifica o ser inteiro por esse sacramento de salvação.

Cirilo prossegue referindo-se à Antiga Aliança. A ligação entre o Antigo e o Novo Testamento é recorrente no seu trabalho catequético. Com esta escolha pedagógica Cirilo não apenas estabelece o vínculo entre os dois Testamentos, mas reafirma o cristocentrismo do projeto, a Nova Aliança que supera a antiga de forma definitiva.

Ainda sobre a presença de Cristo na Eucaristia, a homilia orienta sobre a matéria – pão e vinho –, e o seu significado sacramental – corpo e sangue do Senhor. O Mistério sacramental, onde a via simbólica se torna presença real do Cristo é um convite à experiência mistagógica, antes de tudo, a uma compreensão profunda da comunicação entre Deus e os homens, por meio dos sacramentos e da nossa participação no Mistério por iniciativa do próprio Deus, que se entrega e se revela.

> Também no Antigo Testamento havia pães de proposição. Mas esses pães, por pertencerem à antiga aliança, tiveram fim. Na nova aliança o pão celeste e o cálice da salvação santificam a alma e o corpo. Pois, como o pão se adequa ao corpo, assim o Verbo se harmoniza com a alma.
>
> Não consideres, portanto, o pão e o vinho como simples elementos. São, conforme a afirmação do Mestre, corpo e sangue. Se os sentidos isto te sugerem, a fé te confirma. Não julgues o que se propõe segundo o gosto, mas pela fé tem firme certeza de que foste julgado digno do corpo e sangue e Cristo. (CM IV,5-6)

Uma terceira parte da Catequese sobre a Eucaristia retorna à figura do demônio como personificação do mal[43]. Aqui Cirilo exorta à vida sacramental como fortalecimento contra o demônio, contra as obras do mal, uma oposição construída por Deus. A unção do crisma foi apresentada como sinal do próprio Deus na vida de cada neófito e, agora, o alimento eucarístico, como o sinal definitivo, ou seja, é Jesus mesmo quem vive em cada cristão pelo Mistério eucarístico.

> (...) Antes de tua vinda os demônios preparavam para os homens uma mesa contaminada e manchada, cheia de poder diabólico, mas depois de tua vinda, ó Senhor, tu preparaste diante de mim uma mesa.(...) A primeira mesa tinha comunhão com os demônios, essa, ao contrário, comunhão com Deus. 'Ungiste de óleo minha cabeça'. Com o óleo te ungiu a cabeça, sobre a fronte, pelo sinal que tens de Deus, a fim de que te tornes assinalado, santo de Deus. 'E teu cálice inebria-me como o melhor'. Vês aqui mencionado o cálice que Jesus tomou em suas mãos e sobre o qual rendeu graças dizendo: 'Este é o meu sangue, que é derramado por todos, em remissão dos pecados'.(CM IV,7)

A mesa eucarística é preparada pelo Senhor para o seu povo, é uma mesa mística e espiritual, que a exemplo da Antiga Aliança, contém pão celestial e bebida salutar, os

---

[43] O tema da personificação do mal surge nas Catequeses de Cirilo também como tema bíblico, como tomada de consciência de sua existência e de superação deste, pela força da graça de Deus e inserção progressiva no Mistério pascal. No Símbolo da Fé, a Tradição proclama a vitória de Cristo sobre o mal, a redenção e salvação do mundo na Cruz. Isto, porém, não quer dizer que se deva abolir a figura bíblica de Satã, ou do diabo, ou a personificação paulina do Pecado. Estas figuras têm a função de ajudar-nos a penetrar no abismo desconcertante e terrível do Mal, cuja profundidade só é mensurável com a profundidade do Mistério do Amor de Deus ao qual ele pretende se opor. Cf. GOPEGUI, J. A. R. As figuras bíblicas do diabo e dos demônios em face da cultura moderna. In: *Perspectiva Teológica*, Ano XXIV, Belo Horizonte:CES, 1997, pp. 327-352.

quais nos unirão ao próprio Deus. A homilia relembra a unidade de todo o Povo de Deus, desde a Antiga Aliança, que agora é renovada na Páscoa de Cristo. A mesa é comunitária, é mesa pascal, é mesa do Povo de Deus, ao qual nos inserimos, em primeiro lugar pelo sacramento do Batismo e pela unção do Crisma e, agora, plenamente, pela Eucaristia.

A referência à mesa preparada pelos demônios lembra a idolatria, os cultos pagãos, as ofertas aos ídolos, para as quais Cirilo faz mais um reforço e esclarecimento quanto à vida nova, à renúncia aos hábitos pagãos e a não retomarem a tentação que afasta de Deus, que é antagônica à experiência desde agora já vivida.

A conclusão desta homilia mistagógica é um lindo hino contemplativo, em que Cirilo entremeia mais alguns textos bíblicos. É um verdadeiro canto, no qual é o próprio Senhor que convida à mudança de vida, à nova 'veste', às maravilhas que são experimentadas por aqueles que se tornam partícipes dessa festa pascal.

> Por isso também Salomão, aludindo a essa graça, disse: 'Vem, come teu pão com alegria', o pão espiritual. 'Vem', designa o apelo salutar e que faz bem-aventurado. 'E bebe, de bom coração, o teu vinho', o vinho espiritual. 'Derrama o óleo sobre a tua cabeça. Traja sempre vestes brancas, já que Deus sempre favorece as tuas obras'. Pois agora Deus se agradou de tuas obras. Antes de te aproximares da graça eram tuas obras 'vaidade das vaidades'.
>
> Todavia agora, tendo despido as velhas vestes e revestido espiritualmente a veste branca, é necessário estar sempre vestido de branco. Não dizemos isso absolutamente porque é preciso estar trajado de branco, mas porque deves, em realidade, revestir a veste branca, brilhante e espiritual, a fim de dizeres com o bem-a-

> venturado Isaías: 'Com grande alegria me rejubilei no Senhor, porque me fez revestir a vestimenta da salvação e me cobriu com a túnica da alegria'.(CM IV,8)

O texto é profundamente mistagógico – o convite de Deus, nas palavras de Salomão, as referências simbólico-sacramentais, o ritual da festa, a presença de Deus, a mudança de veste, a veste brilhante, o sinal das bem-aventuranças e a alegria da plenitude da salvação –, tudo reunido num convite à entrega, à confiança e à alegria de uma nova vida que se inicia.

No parágrafo conclusivo, faz uma espécie de fixação dos ensinamentos desta Catequese, através de uma revisão da questão do pão e do vinho – que se tornam corpo e sangue de Cristo –, do fortalecimento das decisões mais profundas e mudança de vida. Numa oração final, Cirilo reúne uma bênção, um pedido ao Senhor, e uma louvação pelos novos cristãos.

> Tendo aprendido e estando seguro de que o que parece pão não é pão, ainda que pareça pelo gosto, mas o corpo de Cristo, e o que parece vinho não é vinho, mesmo que o gosto o queira, mas o sangue de Cristo – e porque sobre isto dizia vibrando Davi: 'O pão fortalece o coração do homem, para que no óleo se regozije o semblante'- fortalece o teu coração, tomando este pão como espiritual e regozije-se o semblante de tua alma. Oxalá, tendo a face descoberta, em consciência pura, contempleis a glória do Senhor, para ir de glória em glória, em Cristo Jesus Senhor Nosso, a quem a glória pelos séculos dos séculos. Amém. (CM IV,9)

Mais uma vez nos deparamos com um termo bastante significativo que o autor traduziu por – *estando seguro* – seu sentido vai além de uma conotação de fixação dos conhecimentos, das instruções. Segundo a fonte grega, o termo aponta para plenitude que está sendo vivida pelo neófito, pelo sacramento da Eucaristia. Cirilo encerra esta Catequese fazendo uma síntese com conceitos-chave como este, de participação plena, de Eucaristia que se concretiza na vida pessoal, no coração humano, na consciência e conduz à comunhão definitiva e eterna.

5. A Quinta Catequese Mistagógica

Na **Quinta Catequese Mistagógica,** Cirilo nos fala sobre a Celebração Eucarística, com muitos detalhes quanto aos principais ritos, orações, gestos sacerdotais, culminando na oração eucarística e na comunhão. É predominantemente litúrgica, no entanto, observemos como a Liturgia é relembrada mistagogicamente, também aqui, integrada à vida pessoal e comunitária. Vejamos apenas alguns momentos desta linda Catequese de Cirilo, que destacam a relevância da participação na Eucaristia.

Demonstrando a consciência de que a Celebração é eucarística, porque todos estão unidos no Mistério Pascal, Cirilo fala do ósculo da paz como gesto de acolhida fraterna, de perdão, de esquecimento de mágoas, de reconciliação entre todos para estarem diante do altar de forma integral, sem divisões pessoais ou condivisões comunitárias.

> Depois o diácono proclama: 'Acolhei-vos mutuamente e dai-vos o ósculo da paz'. Não suponhas que este ósculo seja como os que os amigos íntimos se dão na praça pública. (...) Este ósculo une as almas entre si e é para elas penhor de esquecimento de todos os ressentimentos. É sinal de que as almas se unem e afastam toda lembrança de toda injúria. Por isso Cristo disse: 'Quando fores apresentar uma oferta perante o altar,

> e ali te lembrares de que teu irmão tem algo contra ti, deixa ali a tua oferta diante do altar, vai primeiro reconciliar-te com teu irmão, depois volta para apresentar a tua oferta'. Então, o ósculo é reconciliação, e é por esta razão que é santo.(...)(CM V,2-3)

Após este gesto de reconciliação comunitária, o sacerdote convida todos a elevarem seus corações para junto de Deus, abandonando preocupações e voltando-se totalmente para a celebração eucarística[44].

Na sequência dos momentos litúrgicos próprios da Celebração Eucarística, ao refletir sobre a oferta e consagração do pão e do vinho ao Senhor, Cirilo chama este momento de sacrifício espiritual, memória do sacrifício de Cristo Na presença do corpo e sangue de Jesus sobre o altar, a comunidade faz suas orações pela paz, pelos aflitos e doentes, pelos que faleceram, pela Igreja e seus ministros, pelos pecadores. A oração tem um caráter claramente comunitário e eclesial, conduzindo os fiéis à dimensão universal do Mistério experimentado nesta Celebração e caracterizando a importância da oração comunitária, diante da mesa eucarística, do próprio Jesus que se entrega a cada celebração, para resgatar toda a humanidade para a plenitude do projeto de Deus.

Ainda nesta Catequese, Cirilo desenvolve uma reflexão especial sobre a oração do Pai-Nosso, aprofundando cada pequeno verso numa oração que envolve citações bíblicas e aplicações existenciais. Nesta Catequese, verdadeiro diálogo entre o céu e a terra, o tema do 'pão cotidiano' é compreendido como símbolo do alimento espiritual, aquele que manterá erguida a dignidade de filho de Deus, a cada dia.

---

[44] Cf. MAESTRI, G. e SAXER, V. op. cit., p. 95.

> Nosso pão substancial dá-nos hoje'. O pão comum não é substancial. Mas este pão é substancial, pois se ordena à substância da alma. Este pão não vai ao ventre nem é lançado em lugar escuso, mas se distribui sobre todo o organismo, em proveito da alma e do corpo. O 'hoje' equivale a dizer de 'cada dia', com também dizia Paulo: 'Enquanto perdura o hoje'. (CM V,15)

Na sua etapa final, aludindo ao momento da comunhão, da participação de cada um no Mistério eucarístico, Cirilo dedica-se ao momento da comunhão, integrando as dimensões corporais, espirituais, intelectuais. O texto é belíssimo, vale a pena deliciar-se com sua descrição mistagógica.

> Ao te aproximares da comunhão, não vás com as palmas das mãos estendidas, nem com os dedos separados; mas faze com a mão esquerda um trono para a direita como quem deve receber um Rei no côncavo da mão espalmada recebe o corpo de Cristo, dizendo: 'Amém'. Com segurança, então, santificando teus olhos pelo contato do corpo sagrado, toma-o e cuida de nada se perder. Pois se algo perderes é como se tivesses perdido um dos próprios membros. Dize-me: se alguém te oferecesse lâminas de ouro, não as guardarias com toda segurança, cuidando que nada delas se perdesse e fosses prejudicado? Não cuidarás, pois, com muito mais segurança de um objeto mais precioso que ouro e pedras preciosas, para dele não perderes uma migalha sequer?
>
> Depois de teres comungado o corpo de Cristo, aproxima-te também do cálice do seu sangue. Não estendas as mãos, mas inclina-te, e, num gesto de adoração e respeito, dize 'amém'. Santifica-te tomando também o sangue de Cristo. E enquanto teus lábios ainda es-

> tão úmidos, roça-os de leve com tuas mãos e santifica teus olhos, tua fronte e teus outros sentidos. Depois, ao esperares as orações finais, rende graças a Deus que te julgou digno de tamanhos mistérios. (CM V,21-22)

Observemos o cuidado com os detalhes, com que Cirilo relembra a experiência da comunhão do corpo e sangue de Jesus Cristo. A comunhão em duas espécies, o pão e o vinho, separadamente, cada um com seu ritual de acolhida do Mistério e de entrega pessoal ao dom de Deus. As mãos, o olhar, todo o ser deve convergir para o Mistério, que se revela e do qual é convidado a participar integralmente.

A reverência ao sagrado é feita na integralidade da pessoa. Com o exemplo da preciosidade das lâminas de ouro vemos que, mais uma vez, Cirilo se aproxima da realidade de seus ouvintes, perfazendo um ensinamento que possam compreender concretamente e render-se ao grande Mistério, que está diante de seus olhos e a cada um se confia e se entrega. A santificação dos olhos, da fronte e outros sentidos é um convite à dimensão integral do processo santificador.

Ao final da comunhão, Cirilo convida ao encontro pessoal com Jesus e à ação de graças na intimidade de quem participa da santidade do Senhor e, por isso, é resgatado e elevado à dignidade pelo próprio Senhor.

> Conservai inviolavelmente essas tradições e vós mesmos guardai-vos sem ofensa. Não vos separeis da comunhão nem pela mancha do pecado vos priveis desses santos e espirituais mistérios.
> 'O Deus da paz santifique-vos completamente. Conserve-se inteiro o vosso espírito, e a vossa alma e o vosso corpo sem mancha, para a vinda de Nosso Senhor Jesus Cristo', a quem a glória pelos séculos dos séculos. Amém. (CM V,23)

Cirilo reforça o ensinamento quanto à tradição da qual agora são herdeiros, guardiães e transmissores. É uma referência ao Povo de Deus, à Aliança firmada entre Deus e os homens e renovada em Jesus Cristo, às comunidades apostólicas e ao Magistério que orienta a caminhada eclesial. Todos os mistérios do qual participaram e os ensinamentos que receberam possuem uma história da qual agora fazem parte, uma tradição ao qual devem honrar e preservar com suas vidas e escolhas existenciais. Nem mesmo os erros e limitações que conduzirem ao pecado devem ser motivo para se afastarem do dom de Deus.

6. Elementos mistagógicos da Eucaristia em Cirilo

Caminhando de mãos dadas com Cirilo de Jerusalém, nos deparamos com a sabedoria de um dos grandes Padres da Igreja. Vejamos alguns pontos-chave sobre a dimensão da Eucaristia, que nos auxiliarão no resgate desta sabedoria fontal para os nossos tempos:

1. Embasamento na Sagrada Escritura;
2. Integração entre catequese-Liturgia-Palavra de Deus-vida prática;
3. Centralidade no Mistério Pascal;
4. Foco na experiência litúrgica;
5. Motivação à atitude contemplativa e orante diante do Mistério do qual os neófitos já participam;
6. Construção pedagógica dos conceitos centrais da fé cristã;
7. Conscientização da pertença eclesial.

Estes elementos reunidos tornam-se para nós, hoje, teologia normativa, referencial que faz com que as orientações catequéticas de Cirilo sejam um verdadeiro caminho mistagógico.

A compreensão de Liturgia e dos sacramentos, que observamos nas homilias de Cirilo, é presente em outros Padres da

Igreja, seus contemporâneos, mas possui traços característicos de sua originalidade. A Liturgia ocupa lugar central na experiência cristã, é compreendida como lugar teológico, onde a pessoa se identifica com Cristo em sua centralidade salvífica, e a relação entre Liturgia e vida sacramental é integrada.

Nas Catequeses Mistagógicas, Cirilo atua como teólogo e como catequista, estabelecendo um diálogo entre o anúncio evangélico e a problemática de seu tempo. Cirilo não prescinde de nenhum dos dois desafios. Persevera no anúncio querigmático, em um processo de evangelização fiel à sua compreensão teológica e ao Magistério. Leva em consideração as características dos grupos de iniciantes; seu contexto social, cultural e religioso e, de forma original, constrói um caminho mistagógico.

É um convite que vem do berço do cristianismo para mantermos fidelidade, continuidade às fontes, sem deixarmos de dialogar com as comunidades, em seu tempo histórico e demandas pastorais.

III. Cristo, o mistagogo por excelência

Na origem da unidade sacramental entre o Batismo, a Confirmação e a Eucaristia, está a compreensão da centralidade do Mistério Pascal, ou seja, de que é o Cristo que introduz no mistério da regeneração da água e do Espírito. Ele é o mistagogo por excelência.[45]

É na Liturgia que o Mistério pascal se faz presente. Na interpretação do liturgista O. Casel: "*A Liturgia não é apenas uma 'instituição' que nos veio de Cristo, mas é a continuação ritual do Mistério de Cristo*".[46]

---

[45] CASPANI, Pierpaolo. *La Pertinenza Histórica della nozione di iniziazione cristiana.* Milano: Edicion Glossa, 1999, p. 131.

[46] NEUNHEUSER, B., MARSILI, S., AUGÉ, M. e CIVIL, R. *A Liturgia. Momento histórico da Salvação.* São Paulo: Paulinas, 1986, p. 94.

A Liturgia é ação sacramental da presença salvadora de Jesus Cristo na Criação. Todos os elementos e pessoas reunidos são sinais, mediadores na comunicação simbólico-religiosa da Liturgia[47]. A Liturgia se dá na assembleia reunida, na Igreja. É ela também que dá à Igreja seu caráter de Mistério de Deus, "não apenas no sentido gnosiológico de uma verdade revelada, mas na sua acepção existencial, como realidade que em si mesma é objeto da nossa profissão '*credo Ecclesiam*'[48]".

Em Cirilo de Jerusalém, o evento litúrgico é o centro de sua reflexão teológica e orientações catecumenais. Ele fala a partir das ações litúrgico-sacramentais, de dentro delas, elaborando uma teologia litúrgica e conduzindo os iniciantes à compreensão e participação consciente da realidade, da qual se tornam partícipes pelos sacramentos da Iniciação Cristã. A Liturgia é a fonte e o lugar teológico para Cirilo de Jerusalém. É nesta experiência que o ser humano se identifica com Cristo em sua centralidade salvífica e inicia um processo de reconfiguração de toda a sua vida neste novo caminho.

A Liturgia é princípio mistagógico não apenas por seu princípio ativo – o Mistério pascal de Cristo – mas porque, a partir deste princípio, ela mobiliza todas as demais dimensões para uma mistagogia viva: a escuta da Palavra, a integração da pessoa inteira no Mistério da Salvação, a integração das relações fundamentais da pessoa (consigo, com os outros, com o mundo, com Deus), a revisão e

---

[47] A Liturgia não é um fato apenas clerical, mas pertence a todo o povo, enquanto a todos os homens foi comunicado o sacerdócio de Cristo, todos constituem um mesmo sacrifício com ele, e toda a ação litúrgica da Igreja é comum ao sacerdote e aos presentes. Cf. NEUNHEUSER, B. et al. op. cit, p. 86.

[48] BOFF, Lina. *Espírito e Missão na Teologia. Um enfoque histórico-teológico: 1850-1930.* São Paulo: Paulinas, 1998, p. 110.

mudança de vida, a partilha, o testemunho comunitário e o envio à missão.

Conforme nos recorda a liturgista Ione Buyst, nas Celebrações Eucarísticas, dois momentos constitutivos do Mistério pascal se fazem presentes: a Liturgia da Palavra e a Liturgia sacramental.

> Na Liturgia, o Mistério pascal de Jesus se faz presente, em toda a sua densidade e extensão, atuando no rito litúrgico, na celebração memorial, principalmente na celebração eucarística. É o Mistério da fé presente *na* e *pela* ação ritual que inclui: a narrativa e interpretação dos fatos - Liturgia da Palavra –; e as ações simbólicas relacionadas com esses fatos - Liturgia sacramental[49].

A fonte deste saber reside na elaboração dos Padres da Igreja da Liturgia recebida pelas tradições apostólicas[50], em diálogo com as reflexões teológicas de seu tempo. A Palavra de Deus é fonte mistagógica e as ações litúrgicas são sinal e presença do próprio Cristo, mistagogia viva e fecunda para a comunidade eclesial, que se reúne em torno deste altar.

---

[49] BUYST, I. e SILVA, J. A. *O Mistério celebrado: memória e compromisso*. São Paulo: Paulinas, 2004, pp. 82-83. (grifo nosso)

[50] As tradições apostólicas são escritos que refletem a pregação apostólica, imagem da Igreja nascente. Possuem uma intenção prática, exortam à penitência, à disciplina eclesiástica, explicam de modo simples alguns conteúdos doutrinais. Enfim, são geralmente orientados no sentido de edificação e de instrução e são a fonte mais antiga, depois dos escritos neotestamentários. Estão entre eles a *Didaqué, Doutrina dos Doze Apóstolos*, de autor desconhecido; a *Epístola de Barnabé*, atribuída ao apóstolo Barnabé, colaborador de Paulo; a *Carta de Clemente de Roma*; os *escritos de Inácio de Antioquia*; *a carta de Policarpo de Esmirna* e os *escritos do bispo Papias*. Cf. BOLLIN, A. e GASPARINI, F.. *A catequese na vida da* Igreja. São Paulo: Paulinas, 1998, p. 28.

1. Mistagogia: mística e práxis em Jesus

Aproximemo-nos um pouco mais da mistagogia em Jesus. Uma das características determinantes para a experiência mistagógica cristã é justamente a presença plena do Revelado entre nós em Jesus Cristo. Uma segunda característica é o próprio significado do termo 'mistagogia', enquanto iniciação ao Mistério e acompanhamento daquele que está sendo introduzido nesse caminho. E a terceira característica que desejamos demarcar diz à experiência mística como elemento fundamental para a relação com o Mistério que se revela, com o Deus que é relação com cada pessoa e com seu povo.

Olhando para Jesus de Nazaré, encontramos a integração destas três características. Nele se realiza o projeto de Deus. Ele é o anúncio querigmático de todo o processo de Iniciação na fé cristã. Jesus assume o projeto integralmente. Ele é o Caminho, a Verdade e a Vida. Através de suas atitudes e ensinamentos, é o mestre e educador por excelência. Entregue à missão de anunciar a todos a possibilidade do homem novo, vive como filho de Deus, irmão de todos, admirador e co-criador da natureza e de uma sociedade nova, com as características do Reino de Deus, em que se promove a vida, a fraternidade, a paz e o amor[51].

Se há uma ambiguidade constitutiva no encontro entre a subjetividade humana e a objetividade de um Deus transcendente, em Jesus de Nazaré esta relação dialógica atinge a plenitude na comunhão e participação. Esta afirmação da fé cristã nos indica que não devemos desanimar diante de nossa ambiguidade, mas que, nosso desejo será realizado, na proximidade pessoal e amorosa de Deus conosco[52].

---

[51] Cf. CNBB. *Educação, Igreja e Sociedade.* Doc. 47, n. 84-87, São Paulo: Paulinas, 1992.

[52] Cf. BACIK, J. J. *Apologetics and the Eclipse of Mystery. Mystagogy acoording to Karl Rahner.* London: Notre Dame Press, 1980, p. X, p. 36.

Nas palavras de Lima Vaz, "a experiência cristã de Deus não apenas se manifesta através de uma realidade e da sua expressão, mas identifica-se com ela, particulariza-se absolutamente nela"[53].

2. As dimensões mistagógicas em Jesus

Em Jesus, a experiência mistagógica pode ser percebida em todas as suas dimensões. O Mistério de Deus se revela à humanidade, se faz um conosco, entra na história e, a partir de dentro, de seu núcleo, a conduz a seu sentido pleno. Nele, toda a humanidade é convidada à abertura existencial que conduz cada um e todos à salvação. É o Mistério pascal que tem seu centro vital em Jesus Cristo.

Em Cirilo, esta perspectiva cristocêntrica está presente em sua teologia narrativa, em sua forma de articular o Antigo e o Novo Testamento, na confluência de suas catequeses para as ações litúrgicas e sacramentais. O Mistério pascal de Jesus é um princípio vital que ecoa no coração dos iniciantes e os convida, a partir de seu sentido mais profundo, à participação.

A teóloga Lina Boff expressa a profunda integração entre o Mistério de Cristo e o mistério de todo ser humano, que nos faz compreender a centralidade de Jesus como o grande mistagogo.

O amor de Deus é manifestado plenamente no Mistério da vida-paixão-morte-ressurreição de Jesus, e da vida-paixão-morte-ressurreição de cada pessoa humana, que acolhe Jesus, e sua missão salvadora, como Palavra encarnada do Pai e, assim, recebe a legitimidade da filiação divina. (cf. Jo 1,12). O Mistério de Jesus Salvador e o mistério da pessoa humana apresentam-

---

[53] Cf. LIMA VAZ, H. C. A linguagem da experiência de Deus. In: *Escritos de Filosofia.* São Paulo: Loyola, 1986, p. 254.

se como dois momentos de um único evento, enquanto sinal do verdadeiro e pleno destino da pessoa humana. Sem fatalismos, o Mistério de Jesus Salvador, no mistério do ser humano com sua consciência de História salvífica, revela a concretude da libertação do mal e realiza a história temporal naquilo que ela tem de bom e santo, libertação que se torna História da salvação concreta, para a humanidade e toda a criação que espera por esta libertação (cf. Rm 8,18-19)[54].

Nos Evangelhos, as narrativas oferecem características da mistagogia em Jesus em sua forma de anunciar o Reino e de agir frente às diversas situações que se lhe apresentavam. O *Diretório Geral para a Catequese* explicita esta observação:

O acolhimento do outro, em particular do pobre, da criança, do pecador, como pessoa amada e querida por Deus; o anúncio genuíno do Reino de Deus como Boa Nova da verdade e da consolação do Pai; um estilo de amor delicado e forte, que livra do mal e promove a vida; o convite premente a uma conduta amparada pela fé em Deus, pela esperança no Reino e pela caridade para com o próximo; o emprego de todos os recursos da comunicação interpessoal, tais como a palavra, o silêncio, a metáfora, a imagem, o exemplo e tantos sinais diversos, como o faziam os profetas bíblicos[55].

A mistagogia de Jesus é marcada pela proximidade, pelo encontro pessoal, pela escuta atenta da realidade pessoal e conhecimento profundo do contexto em que a pessoa está inserida[56]. Em Jesus, cada diálogo, cada escolha simbólica,

---

[54] BOFF, Lina. Índole escatológica da Igreja peregrinante. In: *Atualidade Teológica*, n. 13. Rio de Janeiro: Letra Capital, 2003, p. 25.

[55] *DGC* 140.

[56] PRESENTI, G.G. Mistagogia. In: BORRIELO, L. et. al. *Dizionario di Mistica*. Vaticano: Editrice Vaticana, 1998, p. 821.

cada palavra, aparece adequada ao contexto e ao grupo humano com o qual se encontra[57].

Dessa maneira, encontramos palavras, gestos e sinais diferentes para os diferentes grupos com os quais Jesus se relaciona. Com os discípulos, Jesus propõe o confronto com a realidade e as interpelações de seu tempo, aprofunda a interpretação das parábolas, dá orientações firmes para a missão, se relaciona com intimidade. Ao povo mais simples Jesus conta histórias, fala por meio de parábolas e utiliza elementos da cultura rural. Com os diversos grupos judaicos, Jesus propõe uma releitura de seus conhecimentos e imagens de Deus que irão interpelar sua prática.

Jesus também tem critérios e medidas. Avalia a conveniência e a situação para sua forma de agir e de se comunicar. Diferencia momentos de formação em que ensina a toda a gente, de momentos nos quais fala particularmente aos discípulos[58]. Jesus não só ensina, mas ajuda os discípulos e o povo a terem uma chave de compreensão da própria existência à luz de Deus e de seu Reino. Sonda as dificuldades, percebe os conceitos formados, acompanha o processo de discernimento, faz pensar, deixa perguntas no ar, desequilibra os ouvintes. Mesmo o não entendimento é oportunidade para nova aprendizagem[59].

Na base dessa adequação de linguagem e de mediações no anúncio do Reino, há um eixo comum que perpassa sua mensagem e sua proposta: o seguimento. Longe de se configurar como uma aprendizagem intelectual ou uma doutrina fixa, o seguimento de Jesus é atitude vital para aqueles que aderem à sua pessoa e mensagem. Comporta uma mística e

---

[57] Cf. *EN* nn.7-12.

[58] Cf. Mc 4, 2.33; 5, 15.34; 4,10-11.34; 6,30-32; Mt 11,25-27.

[59] Cf. Mc 7,17-19.

uma prática, a partir do próprio Jesus[60], ou seja, uma espiritualidade que motiva e anima o cristão a orientar suas ações e atitudes de acordo com o seguimento de Jesus, tanto na vida pessoal, como na missão de testemunhar e anunciar Jesus ao mundo.

Em relação à dimensão mística da experiência religiosa, Jesus Cristo, o Filho unigênito do Pai, é aquele que melhor a compreendeu e viveu, nos revelou o rosto do Pai e Seu projeto de amor. Assim também Jesus nos revela a necessidade de aprendermos o tempo necessário para que a experiência mística seja introjetada, internalizada, vivida profundamente, respeitando as características pessoais, seu mundo, sua história, sua cultura, sua linguagem. É penetrar cuidadosamente na sabedoria divina para caminhar, passo a passo, como criança, nas mãos do Pai, em direção ao Reino.

Esta trajetória dialogal e processual, descobrindo o rosto do Pai e seu projeto de amor, configura uma nova criatura, um novo homem, uma nova mulher. A mistagogia presente na ação missionária de Jesus advém de uma profunda intimidade com o Pai, de um diálogo atento e fecundo consigo mesmo, com as pessoas e com o mundo. Em consonância com essa experiência mística, Jesus convoca e conduz ao Mistério que ele mesmo vivencia radicalmente. Seleciona mediações para cada ouvinte, com a sensibilidade, o amor e a misericórdia de quem respeita o processo da experiência de fé que se dá para cada pessoa e cada comunidade. Faz-se presença, orientação, perdão e impulso firme e exigente na direção da Boa Nova que vem anunciar[61].

---

[60] Cf. MURAD A. e MAÇANEIRO, M. *A Espiritualidade como caminho e mistério.* São Paulo: Loyola, 1999, p. 15.

[61] Cf. IBÁÑEZ, P. G; ÁLVAREZ, D. M. e CURSACH, J. L. S. Presentación. In: MARTÍNEZ, D. et al. *Proponer la fe hoy. De lo heredado a lo propuesto.* Santander: Sal Terrae, 2005, p. 16.

A partir dessas considerações podemos melhor compreender a questão feita sobre Jesus em Mt 13,54 - *de onde lhe vem este saber?*A autoridade, o 'saber' que Jesus revela, é saber mistagógico. É fruto da relação profunda de Jesus com o Pai, consigo mesmo e com seus irmãos e irmãs, nos mais diversos grupos e situações que se apresentavam[62]. Cientes dessa dinâmica, presente na ação pedagógica de Jesus, é possível dizer que a mistagogia tem uma orientação, uma meta: que aquele que está sendo iniciado atinja essa experiência pessoal de Deus, estruturada em Jesus Cristo.

Assumimos aqui as palavras dos Lineamenta[63] do Sínodo dos bispos de 2005: "A mistagogia hodierna deverá confiar na força do Espírito, que se comunica através da sobriedade das palavras e dos gestos sacramentais. A missão do Espírito Santo é dar a inteligência do que Jesus Cristo revelou. Ele é o mistagogo invisível"[64].

Esta mesma perspectiva era fundamento na prática catecumenal de Cirilo de Jerusalém. A centralidade do anúncio querigmático perpassa todas as suas Catequeses, convidando à acolhida e participação no Mistério de Cristo. Cirilo convida cada catecúmeno a seguir Jesus, como Senhor e Mestre; a despedir-se do homem velho e converter-se ao homem novo; a morrer e renascer em Cristo para uma vida nova, pelas águas do Batismo.

---

[62] BINGEMER, M.C.L. Saber, sabor e sabedoria. In: BUARQUE, C. et al. *Fé, Política e Cultura.* São Paulo: Paulinas, p. 84.

[63] Os *Lineamenta* são documentos importantes para a preparação da assembleia sinodal. Têm como finalidade suscitar uma reflexão em nível de Igreja universal sobre o tema do Sínodo.

[64] SÍNODO DOS BISPOS. XI Assembleia Geral Ordinária. *A Eucaristia: fonte e ápice da vida e da missão da Igreja*. Lineamenta, 2004. Libreria Editrice Vaticana. Disponível em: ‹www.vaticano.va› Acesso em: 29 de setembro de 2007.

IV. Concluindo: a mistagogia para o nosso tempo

Revendo o caminho feito, iniciamos esta reflexão convidando o leitor a retomar o vínculo entre os sacramentos da iniciação na perspectiva dos Padres da Igreja. O eixo referencial que dá fundamentação, consistência e orientação para o trabalho pedagógico e pastoral dos Padres é a mistagogia.

Nela reside sua fonte de saber e também sua inspiração na escolha de palavras, métodos, gestos, orientações litúrgico-catequéticas. Avançamos olhando com mais atenção a mistagogia em Cirilo de Jerusalém, que une de forma tão harmônica a teologia e a pastoral-pedagógica, nas orientações de sua comunidade eclesial.

Mas, quem será o mestre, o mistagogo por excelência, senão o próprio Jesus, em seu dinamismo de abertura ao Pai, dedicação ao projeto do Reino, atenção zelosa e cuidado pedagógico aos seus ouvintes? Em sua experiência de intimidade e perseverança até o fim ao Amor que orientou toda a sua vida, paixão, morte e ressurreição? Jesus é o mistagogo, o sacramento do Pai, "*o caminho, a verdade e a vida*"[65].

Hoje, como podemos articular essa sabedoria que une mística e pastoral? Cremos que prosseguir na continuidade ao convite de Jesus, interpretado com tanta sabedoria pelos Padres da Igreja, é também nossa razão de ser, de prestar atenção, reaprender, sempre que necessário.

Abertos ao Espírito, que sopra onde quer, ao Mistério da Eucaristia que nos abraça de todos os lados, nos envolve e nos conduz para dentro do Mistério Pascal, ousamos afirmar que resgatar a mistagogia é resgatar o centro deste processo teológico: ela é o ponto de partida, a carta de navegação e a meta para experimentarmos hoje a sabedoria que reside nesta fonte da Igreja.

---

[65] Jo 14,6.

Retomamos o instrumento de trabalho dos bispos sobre a Eucaristia, de 2005, no qual a mistagogia veio à tona como um resgate fundamental, a partir dos Santos Padres: "O tema da mistagogia deve ser compreendido como introdução ao Mistério da presença do Senhor, e deve-se acentuar a necessidade de levar o homem de hoje a uma mais profunda aproximação a Deus, já que vive em ambientes onde parece negar-se a existência do Mistério"[66].

Concluímos com as palavras de João Paulo II, na encíclica *Ecclesia de Eucharistia*, exortando toda a comunidade eclesial à vivência da Eucaristia como experiência processual de inserção no Mistério pascal. A Eucaristia dá prosseguimento à incorporação realizada pelo Batismo, além de renovar e consolidar a configuração plena de cada fiel em Cristo. Mais. Cristo também recebe a cada um de nós. João Paulo II, como mistagogo de nosso tempo, reafirma o processo dialógico da Revelação, a aproximação entre Deus e a pessoa, a resposta no amor e na liberdade, a presença abundante da graça e o testemunho que fecunda a Eucaristia no mundo.

> A incorporação em Cristo, realizada pelo Batismo, renova-se e consolida-se continuamente através da participação no sacrifício eucarístico, sobretudo na sua forma plena que é a comunhão sacramental. Podemos dizer não só que *cada um de nós recebe Cristo*, mas também que *Cristo recebe cada um de nós*. Ele intensifica a sua amizade conosco: «Chamei-vos amigos» (*Jo* 15, 14). Mais ainda, nós vivemos por Ele: «O que Me come viverá por Mim» (*Jo* 6, 57). Na comunhão eucarística, realiza-se de modo

---

[66] SÍNODO DOS BISPOS. XI Assembleia Geral Ordinária. *A Eucaristia: fonte e ápice da vida e da missão da Igreja*. Instrumentum Laboris, 2005. Libreria Editrice Vaticana. Disponível em: ‹www.vaticano.va› Acesso em: 29 set 2007.

sublime a inabitação mútua de Cristo e do discípulo: «Permanecei em Mim e Eu permanecerei em vós» (*Jo* 15, 4). (*Ecclesia De Eucharistia*, 22).

Bibliografia de referência

ANGRISANI S. M. L. Ambrósio de Milão. In: BERNARDINO A. (org.) *Dicionário Patrístico e de Antiguidades Cristãs*. Petrópolis/São Paulo: Vozes/Paulus, 2002.

BACIK, J. J. *Apologetics and the Eclipse of Mystery. Mystagogy acoording to Karl Rahner.* London: Notre Dame Press, 1980.

BENTO XVI. *Sacramentum Caritatis*. Sobre a Eucaristia, Fonte e Ápice da Vida e da Missão da Igreja, n. 41, Roma: Libreria Editrice Vaticana, 2007. Disponível em: ‹www.vaticano.va› Acesso em: 22 de março de 2008.

BENTO XVI. *Audiência Geral*. 27 de junho de 2007. Vaticano: Libreria Editrice Vaticana. Disponível em: <www.vaticano.va> Acesso em: 8 de julho de 2007.

BINGEMER, M.C.L. Saber, sabor e sabedoria. In: BUARQUE, C. et al. *Fé, Política e Cultura*. São Paulo: Paulinas.

BOFF, Lina. *Espírito e Missão na Teologia. Um enfoque histórico-teológico:1850-1930*. São Paulo: Paulinas, 1998.

BOFF, Lina. Índole escatológica da Igreja peregrinante. In: *Atualidade Teológica*, n. 13. Rio de Janeiro: Letra Capital, 2003.

BOLLIN, A. e GASPARINI, F. *A catequese na vida da Igreja*. São Paulo: Paulinas, 1998.

CONCÍLIO VATICANO II. *Constituição Dogmática Lumen Gentium sobre a Igreja*. Documentos do Vaticano II, 1965, Petrópolis: Vozes, 1966.

CNBB. *Educação, Igreja e Sociedade*. Doc. 47, n. 84-87, São Paulo: Paulinas, 1992.

BOROBIO, D. Función litúrgico-sacramental del ministerio del catequista. In: Evangelización, Catequesis y Liturgia. In: *Phase* 38, Barcelona: Centro de Pastoral Litúrgica, 1980.

BOROBIO, D. Verbete Catecumenado. In: FLORISTÁN SAMANES e TAMAYO, J. (dir.) *Conceptos fundamentales de Pastoral*. Madrid: Cristiandad. 1983.

BUYST, I. e SILVA, J. A. *O Mistério celebrado: memória e compromisso.* São Paulo: Paulinas, 2004.

BUYST, I. *O segredo dos ritos.* Ritualidade e sacramentalidade da liturgia cristã. São Paulo: Paulinas, 2011.

CASPANI, Pierpaolo. *La Pertinenza Histórica della nozione di iniziazione cristiana.* Milano: Edicion Glossa, 1999.

CAVALLOTO, G. *Iniziazione Cristiana e Catecumenato.* Bologna: EDB, 1996.

CERVERA, J.C. Iniciação Cristã. In: FIORES, S. e GOFFI, T. (orgs.) *Dicionário de Espiritualidade,* São Paulo: Paulinas, 1989.

COSTA, V. S. *Viver a ritualidade litúrgica como momento histórico da Salvação.* Participação litúrgica segundo a Sacrosanctum Concilium. São Paulo: Paulinas, 2010.

DROBNER, H. R. *Manual de Patrologia.* Petrópolis: Vozes, 2003.

ECCLESIA DE EUCHARISTIA. Carta Encíclia. Papa João Paulo II. São Paulo: Paulinas, 2003.

FALSINI, R. *L'Iniziazione Cristiana i suoi sacramenti.* Milano: OR, 1987.

FEDERICI, T. La mistagogia della Chiesa. In: ANCILLI. E. (ed.) *Mistagogia e direzione spirituale.* Roma/Milano: Teresianum - OR, Milano 1985.

FLORISTÁN SAMANES, C. La Iniciación Cristiana. In: *Phase* 171, Barcelona: Centro de Pastoral Litúrgica, 1989.

GIRAUDO, C. *Admiração Eucarística.* Para uma mistagogia da missa à luz da encíclica Ecclesia de Eucharistia. São Paulo: Loyola, 2008.

GOPEGUI, J. A. R. As figuras bíblicas do diabo e dos demônios em face da cultura moderna. In: *erspectiva Teológica,* Ano XXIV, Belo Horizonte: CES, 1997.

IBÁÑEZ, P. G; ÁLVAREZ, D. M. e CURSACH, J. L. S. Presentación. In: MARTÍNEZ, D. et al. *Proponer la fe hoy. De lo heredado a lo propuesto.* Santander: Sal Terrae, 2005.

LELO, A. *Dinamismo sacramental y aplicación del Ordo Initiationis Christiana e Adultorum en Brasil. In* Phase, 255, 2003.

LIMA VAZ, H. C. A linguagem da experiência de Deus. In: *Escritos de Filosofia.* São Paulo: Loyola, 1986.

MAESTRI, G. e SAXER, V. In: CIRILLO E GIOVANNI DI GERUSALEMME. *Catechesi Prebattesimali e mistagogiche.* Milano: Pauline, 1994.

MURAD A. e MAÇANEIRO, M. *A Espiritualidade como caminho e mistério.* São Paulo: Loyola, 1999.

NEUNHEUSER, B. Movimento Litúrgico. In: SARTORE, D. e TRIACCA, A. (orgs.) *Dicionário de Liturgia*. São Paulo: Paulinas, 1992.

NEUNHEUSER, B., MARSILI, S., AUGÉ, M. e CIVIL, R. *A Liturgia. Momento histórico da Salvação*. São Paulo: Paulinas, 1986.

PIÉDAGNEL, A. In: CYRILLE DE JÉRUSALÉM. *Catéchéses Mystagogiques*. Paris: Du Cerf, 1966.

PRESENTI, G.G. Mistagogia. In: BORRIELO, L. et. al. *Dizionario di Mistica*. Vaticano: Editrice Vaticana, 1998.

ROMERO POSE, E. Catequesis en la época patrística. In: VVAA. *Nuevo Diccionario de Catequética*. Madrid: San Pablo, 1999.

SAGRADA CONGREGAÇÃO PARA O CLERO. *Diretório Geral para a Catequese*. São Paulo: Paulinas, 1997.

SÍNODO DOS BISPOS. XI Assembleia Geral Ordinária. *A Eucaristia: fonte e ápice da vida e da missão da Igreja*. Lineamenta, 2004. Libreria Editrice Vaticana. Disponível em: ‹www.vaticano.va› Acesso em: 29 de setembro de 2007.

O MISTÉRIO EUCARÍSTICO NA PERSPECTIVA DA *SACROSANCTUM CONCILIUM*

Frei Brás José, OFM Conv*

Introdução: um novo horizonte para a vida

Há 50 anos, a Igreja Católica vivia um dos períodos mais importantes de seus mais de dois mil anos de história. Convocado pelo Papa João XXIII, na festa de Natal de 1961, o Concílio Vaticano II era inaugurado no dia 11 de outubro de 1962. João XXIII surpreendeu o mundo, ao recolher todos os desejos e expectativas da Igreja e os tornar realidades com a convocação do Concílio. Seu objetivo era repensar e renovar os costumes do povo cristão e adaptar a disciplina eclesiástica às condições do mundo moderno.

Na visão profética de João XXIII, o Concílio seria como um novo Pentecostes, ou seja, uma profunda e ampla experiência espiritual que reconstituiria a Igreja Católica não somente como instituição, mas como movimento evangélico dinâmico, feito de abertura e renovação. Acabou por ser um divisor de águas para a Igreja, "sopro de inesperada primavera", nas palavras do próprio Papa, marcado pela abertura e pelo olhar reconciliado para o mundo e sua complexa realidade.

Ao definir a especificidade do Concílio que convocava, João XXIII declarou não pretender uma vez mais fazer listas de erros e condenações, como tantas vezes havia acontecido no passado. Desejava que a Igreja abrisse diante do mundo a beleza e o valor de sua doutrina, usando mais de misericórdia e menos de severidade. Isso, no seu entender, ia ao encontro das necessidades dos tempos atuais e dava à Igreja um rosto mais maternal e acolhedor.

Com a animação da vida eclesial, proporcionada pelo Concílio Vaticano II, despertou-se a necessidade de renovar e reformar a vida celebrativa da Igreja. Pela **Constituição Conciliar Sacrosanctum Concilium (SC)**, sobre a sagrada liturgia, promulgada em 4 de dezembro de 1963, aprovada pelo Papa Paulo VI, fomos agraciados com uma porta de abertura para inculturar os rituais, adaptando-os aos novos povos e aos novos tempos. Iniciou-se a reforma litúrgica, que iluminou a vida eclesial nas últimas décadas.

Neste artigo queremos contemplar o Sacramento do mistério eucarístico que promana da *Sacrosanctum Concilium, seu* impacto e sua importância para a comunidade eclesial pós-conciliar. Sobre o longo tratado da doutrina cristã sobre a Eucaristia e, também, as reflexões pós-conciliares, podemos propor aqui apenas algumas breves reflexões, que na verdade não podem fazer justiça à importância deste tema. É um estudo que não pretende ser exaustivo, mas uma reflexão teológica pastoral que recorde o significado inicial e permanente da Constituição para a vida da Igreja que celebra hoje o mistério eucarístico e encontra nesse sacramento a presença viva e transformadora do Senhor, faz experiência comunitária e ilumina a práxis, que supõe uma finalidade, a transformação objetiva da sociedade em vista a corresponder às necessidades do ser humano[67], fortalece a fé a partir da comunhão com o Corpo e Sangue de Jesus Cristo.

---

[67] Cf. TABORDA, Francisco. Sacramentos, práxis e festa. Para uma teologia latino-americana dos sacramentos. Petrópolis: Vozes, 1998, especificamente: p. 25-39.

Reconhecemos que, com o Concílio, a Igreja vibra em grande motivação para se renovar e adentrar no mundo contemporâneo, a fim de que não se configure a uma estrutura limitante de sua ação e presença na sociedade moderna. A Constituição Conciliar compreende o povo de Deus congregado, liturgicamente, como o novo sujeito da ação eucarística. Destarte, a *actuosa participatio* de todos os irmãos e irmãs, membros da assembleia litúrgica congregada é erigida como norma e ideal da liturgia[68] eucarística (cf. SC 11;14;48). É esta a perspectiva e o centro norteador deste artigo, à força iluminadora do mistério eucarístico na Sacrosanctum Concilium.

A reforma da liturgia decretada pelo Concílio tem como objetivo principal sua renovação e fazer com que a liturgia seja, de fato, o coração e a alma da Igreja, ou seja, sua vida mais íntima. A Constituição sobre a liturgia, *Sacrosanctum Concilium*, não deseja outra coisa senão devolver ao povo cristão o que a Igreja possui de mais precioso: a vida divina mediante a celebração do memorial pascal do Deus da Vida[69].

I. O mistério pascal celebrado na comunidade

O Concílio Vaticano II não elaborou documento específico que tratasse especialmente da Eucaristia, porém, a constituição sobre a Sagrada liturgia diz, referindo-se à Eucaristia, que nela principalmente se exerce a obra de nossa Redenção, e esta contribui de modo mais excelente para que os fiéis a exprimam em suas vidas e aos outros manifestem o mistério de Cristo e a genuína natureza da verdadeira Igreja (cf. SC 2).

A liturgia é o cume e a fonte de toda a vida da Igreja, afirmará o Concílio (cf. SC 10). A Eucaristia, por sua vez, é o centro de toda a liturgia e, por excelência, o sacramento

---

[68] Cf. LUTZ, Gregório. Vamos Celebrar. São Paulo: Paulus, 2011, 5ªed, p. 5.

[69] Cf. BECKHÄUSER, Alberto. Liturgia na vida da Igreja. In: A Sagrada Liturgia 40 anos depois. Estudos da CNBB n. 87, p.76.

de unidade de toda a Igreja com o Deus Trindade. Para ela converge toda a evangelização da Igreja, e dela provém toda a força necessária para que esta se realize com eficácia. Nessa Constituição, a participação dos fiéis na liturgia eucarística é expressão tão usada, que a comparam a uma ladainha ou estribilho, dada sua insistência e recorrência[70].

A reforma litúrgica se processará iluminando concretamente os fiéis que se reunem para a celebração eucarística, que celebram como família, comunidade de amor e fé no mistério pascal.

O Vaticano II trata da liturgia eucarística, em sua relação com o mistério da Igreja na *Sacrosanctum Concilium* e *Lumen gentium*, sobretudo no quadro da liturgia e da reforma litúrgica:

1. Correlação entre as duas mesas, da Palavra e da Eucaristia (cf. SC 48, 51);

2. O relacionamento da Eucaristia não só com sacrifício da cruz, mas com o mistério pascal em sua totalidade (cf. SC 47);

3. O lugar da Eucaristia entre os Sacramentos da Iniciação (cf. SC 71);

4. A interação entre a Igreja e a Eucaristia (cf. LG 26), na perspectiva do acento, para passar à teologia da Igreja, compreendida sobretudo como sacramento universal de salvação (cf. LG 1; 48);

5. A importância da participação ativa da comunidade do Povo de Deus fiel na celebração Eucarística;

6. E a Eucaristia ao mesmo tempo fonte e ápice da vida cristã (cf. LG 11)[71].

Nota-se que o título do capítulo que trata da Eucaristia é: "O Sacrossanto Mistério da Eucaristia"(Cap. II), recuperando-se

---

[70] Cf. BARAÚNA, Guilherme. A participação Ativa, Princípio Inspirador e diretivo da Constituição Litúrgica. In: A Sagrada Liturgia Renovada pelo Concílio. Petrópolis: Vozes, 1964, p. 281-353.

[71] Cf. PIERRE-MARIE GY. Eucaristia. In: Dicionário Crítico de Teologia. LACOSTE, Jean-Yves (org.). São Paulo: Paulinas/Loyola, 2004, p. 676-687.

o sentido do Mistério, portanto, a Eucaristia é o mistério pascal de Jesus Cristo:

> Ele está presente tanto na pessoa do ministro, 'pois aquele que agora oferece pelo ministério dos sacerdotes é o mesmo que outrora se ofereceu na cruz', como sobretudo nas espécies eucarísticas. (...) Presente está pela sua Palavra, pois é Ele mesmo que fala quando se leem as Sagradas Escrituras na Igreja. Jesus está presente quando a Igreja ora e salmodia, Ele que prometeu: 'onde dois ou três estiverem reunidos em meu nome, eu estarei no meio deles' (Mt 18,20) (SC 7).

A presença do Senhor Ressuscitado não se dá de forma estática e única, nas espécies eucarísticas, mas ela é dinâmica e se dá na globalidade da celebração, na pessoa que preside, na Palavra de Deus, na assembleia reunida e, especialmente, no pão e no vinho. O ser e agir do sacerdote referem-se, na identidade do seu serviço, à Eucaristia, raiz e eixo de toda comunidade, centro da vida sacramental, à qual a Palavra conduz. Por isso, pode-se afirmar que onde há Eucaristia há Igreja (cf. Documento de Puebla n.662).

O capítulo segundo da Constituição contempla o sagrado mistério da Eucaristia, como núcleo de toda a liturgia da Igreja, fogo que ilumina e aquece as demais celebrações litúrgicas. Note-se que é o "sacramento" da Eucaristia, "sacrifício eucarístico", que engloba suas diversas facetas numa única palavra carregada de ecos antigos dos santos padres da patrística, "mistério" da Eucaristia (cf. SC 47). O sacrossanto mistério da Eucaristia, qual núcleo de toda a liturgia, fogo que dá luz e calor às demais celebrações litúrgicas[72].

---

[72] Cf. DA SILVA, José Ariovaldo. A Reforma Litúrgica do Concílio Vaticano II.

A partir da *Sacrosanctum Concilium*, a Igreja comunica as ideias centrais da reforma litúrgica: redescobrir o sentido da Assembleia e sua participação consciente e ativa, enriquecer as leituras bíblicas que se proclamam na Celebração, atribuir importância à homilia, restaurar a oração dos fiéis, admitir as línguas vernáculas, fomentar a comunhão sob as duas espécies, entre outros.

É desejo do Concílio uma melhor Celebração que favoreça a compreensão eucarística, portanto, ao lado da valorização da Celebração, há uma clara evolução na compreensão teológica do mistério da Eucaristia.

Descrevemos afirmações teológicas pontuais na reflexão que se seguirá à Constituição Conciliar: buscar recuperar uma visão conjunta dos diversos aspectos do sacramento eucarístico, o equilíbrio entre Palavra e Eucaristia, celebração e vida cotidiana, celebração na história e vida eterna, a adequada proporção entre celebração e culto e o papel celebrante da comunidade em relação aos ministros ordenados.

É objetivo do Concílio esclarecer e afirmar o papel de protagonista que compete à comunidade dos crentes. O ato litúrgico que faz participar do mistério pascal de Cristo que, com sua solidariedade, torna possível transformar a nossa esperança em realidade, que faz a nova história e torna protagonistas com Ele, na construção da convivência humana[73].

Conduz à "assembleia celebrante" o sujeito primordial, que se associa a Cristo no exercício de seu sacerdócio, sobretudo na oferenda eucarística. Dentro dela, não sobre ela ou fora dela, têm seu sentido os ministérios, sobretudo o da presidência, em nome de Cristo. É notável que a *Sacrosanctum Concilium*, n. 48, toma o tema 'assistir' e o distingue de 'participar':

In: BUYST, I.-DA SILVA, J.A., O mistério celebrado: memória e compromisso I. São Paulo/Valência: Paulinas/Siquem. 2003, p. 64-65.

[73] Cf. BOFF, Lina. A Esperança como Teologia da História. Relendo as nossas Conferências Episcopais. In: Atualidade Teológica. Ano XIV, 2010, fasc. 35, p. 144.

> Por isso, a Igreja procura, solícita e cuidadosa, que os cristãos não assistam a este mistério de fé como estranhos ou expectadores mudos, mas participem na ação sagrada, consciente, piedosa e ativamente, por meio de uma boa compreensão dos ritos e orações; sejam instruídos na Palavra de Deus; alimentem-se na mesa do Corpo do Senhor; deem graças a Deus; aprendam a oferecer-se a si mesmos... que dia após dia, por meio de Cristo mediador, progridam na união com Deus e entre si, para que finalmente Deus seja tudo em todos (SC 48).

Não é uma assembleia que "assiste" à Missa, mas que, por participar do múnus sacerdotal de Cristo, "celebra a Missa", vibrando interiormente, e, envolvida pela fé, realiza profunda experiência dinâmica de Cristo vivo, no sacramento e na comunidade em torno do altar. O corpo todo da Igreja participa do sacerdócio de Cristo, de sorte que os batizados, pela regeneração e unção do Espírito Santo, são consagrados como casa espiritual e sacerdócio santo, e se tornam aptos a exercer o culto desta Nova Aliança, a Santa Missa, culto que não provém de nossas forças, mas dos méritos e dom de Cristo[74].

A Instrução Geral Sobre o Missal Romano (IGMR) descreve os protagonistas e as dimensões teológicas da Eucaristia. O "povo de Deus" é "congregado" para celebrar; chama-o também de "assembleia local da santa Igreja", que está enriquecida com uma especial presença do Senhor,

[74] "O sacerdócio comum dos fiéis e o sacerdócio ministerial ou hierárquico ordenam-se um ao outro, embora se diferenciem na essência e não apenas em grau. Pois ambos participam, cada qual a seu modo, do único sacerdócio de Cristo". Constituição Dogmática do Vaticano II, "Lumen Gentium", n. 10. In: Compêndio do Vaticano II. Constituições decretos declarações. Petrópolis: Vozes, 2000, 29ª ed.

segundo a sua promessa. "Na Missa ou Ceia do Senhor, o povo de Deus é convocado (...) para celebrar a memória do Senhor." Esta comunidade celebra "sob a presidência do sacerdote, que representa a pessoa de Cristo" [75].

É toda a comunidade, corpo unido à cabeça que é Cristo, quem celebra o mistério pascal, edificando e redobrando de significados novos a fé, a esperança e a vida de caridade (cf. 1Cor 13,1-13) do povo de Deus, no amor a Cristo e a seu Corpo, já inseparáveis, o que torna capaz de criar e recriar verdadeiras experiências fundantes de vida fraterna, na alegria e na tribulação (cf. Ap 7, 14). Sublinha, assim, a dimensão eclesial frutuosa e dinâmica das ações litúrgicas, a Sacrosanctum Concilium, n. 26.

Na participação na ceia querida pelo próprio Jesus, torna-se ao mesmo tempo presente o sacrifício cruento por Ele oferecido na cruz, porque se tornam presentes a carne e o sangue do Servo de Deus, que sofreu e morreu, enquanto carne dada e sangue derramado pelos "muitos", e só como tais podem tornar-se presentes, segundo a instituição do próprio Jesus e porque esta presença do Único sacrifício de Cristo dá-se numa ação sacrifical litúrgica da Igreja. É o que continuaremos verificando a seguir.

1. O Memorial da morte é gesto de extremo amor

Podemos afirmar que Jesus Cristo deixou aos Apóstolos e a todos os cristãos, homens e mulheres, um duplo memorial: o memorial testamentário do novo mandamento e o memorial celebrativo. O memorial é uma categoria bíblica proveniente do mundo judaico e, portanto, muito ligado à história. Ao mesmo tempo, o memorial é um mistério, porque no mistério a realidade representada se identifica com a mesma realidade histórica. O memorial

[75] Cf. IGMR, n. 27.

expressa a realidade ascendente a Deus, o que oferece uma base significativa e importante para o conceito de sacramento[76]. Aqui queremos realçar o memorial celebrativo ritual, sacramental, sob o viés da cruz.

O documento Conciliar, acima de toda intenção polêmica, recolheu e expressou com clareza a doutrina sobre a Eucaristia como sacrifício. Basta recordar alguns textos: (SC 47; PO 2)[77]. Trata-se de anunciar o mistério pascal, ao anunciar o Evangelho a toda criatura, anunciar que o Filho de Deus, pela sua morte de cruz e ressurreição nos libertou do poder do mal e da morte e nos transferiu para o Reino do Pai, e levar a efeito o que se anuncia.

Celebrando o memorial da morte de Cristo na cruz, a Igreja jamais deixou de reunir-se para celebrar o mistério pascal, celebrando a Eucaristia na qual se celebra a vitória e o triunfo de sua morte na cruz e, ao mesmo tempo, dando graças a Deus pelo dom inefável em Cristo Jesus (cf. 2Cor 9,15).

O Documento *Sacrosanctum Concilium* inicia recordando a narrativa da Instituição da Eucaristia por Jesus na última Ceia, na noite em que foi entregue com o sacrifício eucarístico do seu Corpo e do seu Sangue para perpetuar, no decorrer dos séculos, o sacrifício da cruz (cf. SC 47). Seguindo a linha de Trento[78], depois bastante esquecida, a *Sacrosanctum Concilium* enfoca com decisão a Eucaristia em sua relação memorial com a cruz:

> O nosso Salvador instituiu na Última Ceia, na noite em que foi entregue, o sacrifício eucarístico do seu

---

[76] Cf. BOFF, Lina Da Esperança à Vida Plena. Vivendo as realidades que entrevemos. Juiz de Fora: Editar Editora Associada, 2010, p. 69.

[77] Cf. BOROBIO, Dionisio. Celebrar para viver. Liturgia e sacramento da Igreja. São Paulo: Loyola, 2009, p. 268-269.

[78] Cf. DALDAZÁBAL, José. A Eucaristia. Petrópolis: Vozes, 2002, p.348.

> Corpo e do seu Sangue para perpetuar no decorrer dos séculos, até Ele voltar, o sacrifício da cruz, e para confiar assim à Igreja, sua esposa amada, o memorial da sua morte e ressurreição: sacramento de piedade, sinal de unidade, vínculo de caridade, banquete pascal em que se recebe Cristo, a alma se enche de graça e nos é dado o penhor da glória futura (SC 47).

Ainda afirma: "Celebrando na Eucaristia na qual se fazem de novo presentes a vitória e o triunfo de sua morte" (SC 6). Celebrando a Eucaristia a comunidade do povo de Deus renova continuamente a Aliança em Cristo, atualiza o acontecimento da cruz (cf. SC 6,10; PO 13;LG3). Na Aliança concluída pelo sangue sacrifical de Jesus, a comunidade celebrante entra, pela profissão de fé e pelo batismo, na perspectiva da força do sacramento e dos sinais da Eucaristia como o sacramento da espera vigilante e atuante da vinda gloriosa do Senhor. Essa espera, nutrida na esperança, é cheia de expectativa e explode com uma súplica, como a dos primeiros cristãos: "Vem, Senhor Jesus" (Ap 22,20).

A teologia eucarística é vivida como descrição do memorial da morte pascal de Cristo. A Constituição Conciliar, bem como outros documentos do Concílio, seguindo a linha dos Padres e de Trento (DS n.1740), enfoca decididamente o mistério eucarístico em sua relação memorial com a cruz. Vê-se a íntima relação entre as categorias de sacrifício e sacramento.

A Eucaristia é sacrifício – Sagrado Ofício – enquanto sacramento do único sacrifício de Cristo. É um sacrifício sacramental que em gesto supremo de amor implica participação do único sacrifício de Cristo, por meio da comunhão em seu Corpo e Sangue: a memória celebrada, sacramentalmente, é o memorial da cruz na medida em que a Igreja é convidada a comer e beber do mistério do Cristo pascal (cf. SC 6.10.47; LG 3.28: PO 13; EM 3,4)[79].

Os protagonistas do mistério eucarístico, homens e mulheres, o povo de Deus, aparecem com maior precisão e evidência. A teologia pré-conciliar insistiu no papel de Cristo e do sacerdote ministerial; a Constituição conciliar acolhe essa doutrina e a amplia destacando o papel do Espírito Santo e da comunidade cristã celebrante. A atuação salvadora do Espírito exprime-se muito mais claramente nas novas preces eucarísticas, nas quais a inovação ao Espírito Santo[80] manifesta a fé e o pedido feito no sentido de que o próprio Espírito converta o pão e o vinho em Corpo e Sangue do Cristo Glorioso.

O papel ativo de Cristo fica muito claro: é Ele quem oferece a Eucaristia, a vítima, que é Ele próprio. Os Ministros sacerdotes são seus representantes, seus sinais e sacramentos. A comunidade deve aprender a oferecer-se a si mesma ao oferecer a vítima imaculada, não só pelas mãos do sacerdote, mas juntamente com Ele (cf. Rm 12,1-2; SC 48; PO 5)[81].

Do ponto de vista teológico, é a instituição da Eucaristia, como Cristo vivo, que ilumina o evento do calvário e lhe dá sentido. Sem a Eucaristia, o evento da cruz, em si mesmo, não passaria de um desfecho trágico e infeliz da vida pública de Jesus. A Eucaristia anuncia a morte de Cristo, que, na sua dramaticidade, todos podem compreender, mas ao mesmo tempo proclamar a sua Ressurreição, que exige a

---

[79] Cf. ETSPULER, José. A Eucaristia. São Paulo: Ave Maria, 2006, p.65-66.

[80] Para um estudo bastante completo sobre a *Epiclese* na Eucaristia: ALDAZÁBAL, J. A Eucaristia. In: BOROBIO, Dionisio. A Celebração na Igreja 2. Sacramentos (org). São Paulo: Loyola, 1993, p. 264-268.

[81] Cf. D'ANNIBALE, Miguel Ángel. A Celebração Eucarística. In: Conselho Episcopal Latino-Americano - Celam - MANUAL DE LITURGIA III. A Celebração do mistério pascal. São Paulo: Paulus, 2005, p.142-145.

fé e abertura para acolher Deus na nossa existência. A fé é também vivida sob novo estilo de vida que nasce da Eucaristia e traz em si mesma o sentido último e definitivo do esperar pela vinda do Senhor.

A Igreja jamais deixou de reunir-se para oferecer e celebrar o Mistério Pascal, celebrando a Eucaristia na qual se representa a vitória e o triunfo de sua morte na cruz e, ao mesmo tempo, dando graças a Deus pelo seu dom inefável (cf. 2Cor 9,15) em Cristo Jesus, para louvor de sua glória (cf. Ef 1,12), por virtude do Espírito Santo[82].

É o Espírito Santo, na verdade, que refaz as condições para que o gesto de extremo amor de Jesus, realizado uma vez por todas, naquelas circunstâncias históricas bem concretas, possibilita ser recriado no seio das comunidades cristãs da nossa época. Trata-se da experiência de tornar presente aquele único e irrepetível gesto de extrema solidariedade e obediência de Jesus, consumado na cruz.

A reflexão que se desenvolve e contempla o sacramento da Eucaristia, na perspectiva da *Sacrosanctum Concilium*, como centro de toda a vida de fé e de compromisso concreto do Reino é a Eucaristia como ação, que irrompe da vida toda de Jesus, vida doada para reconciliar a humanidade com o Pai. Absorve o conceito de dimensão escatológica do sacramento para fazer deste o memorial do novo povo de Deus que somos todos nós.

Contemplamos, portanto a Eucaristia como o centro do anúncio que os cristãos, há dois mil anos, levam ao mundo: Jesus, o Crucificado, de morto que era na cruz, voltou à vida , e disso somos testemunhas. A Ressurreição é, portanto, a permanente fonte de sentido oferecido à humanidade (cf.

---

[82] Cf. A EUCARISTIA: Fonte e ápice da vida e da missão da Igreja. Instrumentum Laboris. Sínodo dos Bispos. XI Assembleia Geral Ordinária. São Paulo: Paulinas, 2005, n. 29.

1Cor 15,3-5). A Eucaristia é, pois presença ativa e memorial do sacrifício pascal de Cristo, pela mediação sacrifical da Igreja, em seus gestos de extremado amor.

II. O Sacramento da Unidade na vida da Comunidade

A Eucaristia é o sacramento da unidade e do amor, sinal da unidade que prolonga e faz presente o mistério do Filho de Deus feito homem (cf. Fl 2,6-8), propõe a exigência de uma evangelização integral. Em primeiro lugar entra num processo de evangelização de nossas práticas eucarísticas, vida em prol dos outros, em entrega à causa de Deus que é seu Reino.

Desenvolvemos aqui os impactos da recepção do sacramento da unidade na comunidade de fé. Compreendemos que se concretiza em sinais solidários seu compromisso social, nos diversos meios em que se move, com toda a prática da caridade. A comunidade que vibra com o sacramento recebido recebe um mandato e exigências, não pode ser alheia aos grandes sofrimentos que a maioria de nossa gente vive e que com muita frequência são pobrezas escandalizadoras e injustiças que clamam aos céus.

Toda autêntica recepção eucarística se traduz em autênticas atitudes evangelizadoras, verdadeira e radical missão pastoral, que unifica a preocupação por todas as dimensões que contemplam o ser humano e por todas as suas necessidades concretas, para que alcancem a plenitude que Jesus Cristo, no seu sacrifício de Unidade e Amor, oferece à vida da Comunidade.

O Concílio Vaticano II levou a sério a reforma da liturgia eucarística e indicou as direções em que a compreensão teológica desta tinha de enriquecer-se. É impactante e revoluciona a vida da comunidade, quando uma correlação entre vida e celebração é acentuada e exigência compreendida como unidade amorosa, nunca antes vislumbradas. A Eucaristia é ponto de chegada e ponto de partida da vida da comunidade. É ponto de chegada, pois celebra-se a vida, tudo o que se faz, se tem e se é, luzes e sombras. É ponto de partida, porque o povo de Deus é chamado a viver a vida em Cristo a partir do mistério que se celebra, principalmente, vivendo à luz dos ensinamentos de Cristo, a caridade e o amor fraterno, no compromisso da unidade, amor à vida fraterna (cf. Dies Domini n. 36).

A celebração eucarística impulsiona a viver mais radicalmente o mistério pascal de Cristo, a ação de graças, a partilha do pão e o amor aos irmãos e irmãs. Deus age na vida da comunidade, que é evangelizada enquanto assume ser evangelizadora, suscita uma mística cristã e assim a impele à ação.

Essa ação é graça e por sua gratuidade o mistério da liturgia exige ser celebrado, à luz do mistério de Cristo recordado e atuante na vida e na celebração. Aprofunda, intensifica, no nível do afeto e da emoção, o seguimento de Jesus. Provoca à conversão e ações amorosas, com permanente espírito evangelizador a testemunhar profeticamente no seguimento mais radical a Jesus.

Não se separa a ação de Deus no Sacramento de suas múltiplas formas de ação de vida misericordiosa. Deus age no mistério da vida sacramental, não porque esteja preso, mas exatamente porque com sua graça age na vida constantemente e livremente.

A vida de fé, no seguimento de Jesus (práxis histórica no Senhor), é a expressão da verdade mais sublime da Eucaristia, sinal de libertação, salvação e antecipada cidadania do Reino aproximado; como reflete e recorda Lina Boff, esse processo, caminhada de fé, tem um momento alto na celebração litúrgica, tempo forte que proclama a esperança vivida e experimentada na história humana, como realidade antecipatória da vida plena [83].

Importante reconhecer e ter presente que a fé cristã, alimentada pelo sacramento da Eucaristia, mais do que uma doutrina, é um caminho salvífico proposto pela comunidade evangelizadora que se evangeliza. Contemplando o paradigma da existência histórica de Jesus, e assumindo o anúncio do Reino, participaremos também de sua salvação definitiva.

O Sacramento ganha sentido e pertinência enquanto está a serviço do que é permanente e definitivo amor, enquanto leva a pessoa a livremente acolher a oferta do próprio Deus em Jesus Cristo. Na medida em que esse acolhimento se dá, temos de fato uma realidade cristã, o Reino de Deus acontecendo[84].

É relevante que o povo de Deus nas comunidades celebrantes reconhece que a *Sacrosanctum Concilium.* assumiu elementos fundamentais que caracterizam o mistério da Eucaristia no primeiro milênio e que tinham perdido, por mais de dez séculos, a saber: a Eucaristia como celebração do mistério amoroso pascal de Cristo, a importância da Palavra de Deus, que gera a unidade do povo ouvinte e conduz à vivência da Palavra recebida e o contato abundante com a Palavra proclamada, frutificando em novas evangelizações inculturadas e encarnadas, recuperando os diferentes ministérios nas ações litúrgicas, a adaptação às diversas culturas (cf. SC 37-40), o resgate da dimensão comunitária da Eucaristia e a justiça social, sejam fortalecidas e animadas pela recepção que o Sacramento da unidade confere ao nível da exigência da fé (cf. SC 27): "A Eucaristia, sinal da unidade

---

[83] Cf. BOFF, Lina. A Esperança como Teologia da História. Op. Cit., p. 139; TABORDA, Francisco. Sacramento, práxis e festa. Op. Cit., p. 170-171.

[84] Cf. MIRANDA, Mario de França. A Igreja numa sociedade fragmentada. Escritos Eclesiológicos. São Paulo: Loyola, 2006, p.271-272.

com todos, (...) nos propõe a exigência de uma evangelização integral (...). Toda autêntica missão unifica a preocupação pela dimensão transcendente do ser humano e por todas as suas necessidades concretas" (DA 176) [85].

A família de Deus celebra na unidade, entre dilúvio e arco-íris, entre sinais de morte e de vida, tensões e conflitos, superando-os e assumindo-os no ofertório e na vitalidade da comunhão de vidas. É o desafio permanente do desejo da determinação da unidade, a coincidência na verdade plena de Jesus Cristo, primeiro e último valor gerador de unidade. Em síntese,

> a Eucaristia constitui o núcleo da nossa fé, onde se densifica a História da salvação e onde Deus se faz maximamente presente. Aí se nutre a comunidade eclesial (...) A Eucaristia é comunhão com o Senhor, é sacrifício perene que se visibiliza na celebração, é sacramento de uma presença que continuamente se entrega à humanidade, é ação de graças pelo dom da salvação que o Pai nos deu em Cristo, e no Espírito, é a festa da Igreja que expressa e cria sua unidade[86].

O mistério eucarístico não apenas expressa a união que Deus por Cristo e no Espírito já realizou para nós, mas também é força unitiva que gera dinamismos de união e unificação num mundo dilacerado, mas que nutre de esperança à presença amorosa do dom da salvação, como expressão vocacional da natureza mesma da Igreja.

---

[85] Cf. SENEM, C. J. Celebração e vida: dois momentos inseparáveis da celebração eucarística. In: REB 71, n. 281, 2011, p. 139-142;

[86] BOFF, Lina. Da Esperança à Vida Plena. Op. Cit., p. 72.

1. A unidade na vida da comunidade pelo Sacramento do Amor

A comunhão no Corpo e Sangue de Cristo une à vida de Cristo, que transforma a vida do ser humano a uma pertença vital que aperfeiçoa o amor fraterno, corrige os vícios e perdoa os pecados. O sinal eficaz da Eucaristia, no pão amoroso recebido, comunica o amor eterno do Filho. Comunica o desejo do Filho e expressa a sua decisão de transformar-nos Nele. É Ele que tem a iniciativa de nos comunicar os bens de sua vida, reproduzir em nós suas feições e suas entranhas de misericórdia e seu amor de Filho dado à comunidade de vida.

Na Eucaristia fazemos a máxima experiência do sacramento permanente do amor de doação de Jesus à sua esposa, a Igreja, comunhão afetiva e efetiva, assim a comunhão sacramental entre nós e o Cristo eucarístico é sinal visível desta doação máxima (cf. Jo 10,11-18; 15,13). É o sacramento que exprime todo o amor de Cristo e que realiza nosso amor a Cristo; mas é também o sacramento que fundamenta o amor a todos os irmãos e irmãs, é o sagrado mistério da misericórdia, que fundamenta a relação filial com Deus em Cristo Jesus e nossa relação fraterna com todas as criaturas (cf. SC 47).

A Eucaristia é o sacramento da unidade, conduz e comunga com a unidade na pluralidade, seu sinal mais eloquente, que exige reconciliação prévia com os irmãos e irmãs, atitude que garante a unidade (cf. Mt 5,23-24). O sinal da paz, antes da comunhão, quer exprimir essa reconciliação, como tarefa e desafio permanente para a vida comunitária do povo de Deus, avanço simbólico e real da atitude dos cristãos, este gesto comporta exigência de construir a paz, iniciando pelo próprio coração e pela comunidade em que se vive a experiência pascal da Eucaristia.

A experiência da santificação pessoal está em relação com a reconciliação comunitária, enquanto supõe vivência da comunhão fraterna em todos os níveis do amor: colaboração, comunicação de bens, vida comunitária, escuta, compreensão, perdão, etc. É a Eucaristia que torna possível esta unidade amorosa em comunhão eclesial em todos os níveis, visto que é o sacramento sinal da unidade e o vínculo da caridade (cf. SC 47) mais perfeita e a celebração da "Eucaristia dominical é a principal expressão e o sustento do espírito comunitário" (SC 42).

É a unidade da comunhão eucarística que constrói a harmonia interior do coração, nos critérios e escala de valores; atitudes responsáveis e profundas edificam uma vida de fé, esperança e amor. A pessoa, pelo sacramento do amor, recupera seu rosto inaugural que reflete Deus Amor.

O desafio proposto é que da unidade do coração se passe para a unidade da humanidade e da criação. A unidade que se deseja, em comunhão com todas as criaturas, não se reduz a um efeito individual, mas opera na pessoa como membro da comunidade universal, uma unidade com todos os seres da criação em ativa relação de cooperação e proteção[87].

Enquanto o povo de Deus participa da mesma mesa de Cristo, que é ao mesmo tempo doador e dom, a Eucaristia é o sinal, a manifestação e a realização mais real e mais viva da Igreja, enquanto ela é a última unidade dos homens no Espírito fundada por Deus através da graça e é ao mesmo tempo a manifestação desta unidade[88].

A *Sacrosanctum Concilium* insiste na participação ativa de todo o Povo de Deus (cf. SC 14), que não se pode contentar com uma mera assistência passiva (cf. SC 48),

---

[87] Cf. BIFET, Juan Esquerda. Eucaristia, pão partido para a vida do mundo. São Paulo: Ave-Maria, 2005, p. 63-67.

[88] Cf. RAHNER, Karl. Curso fundamental da fé. São Paulo: Paulus, 2008, 4ª ed., p. 492-493.

mas que deve se considerar sujeito na celebração eucarística, presidida naturalmente pelo sacerdote ordenado. Essa participação ativa, vibrante, criativa consiste em assumirmos os mistérios de Cristo e atualizá-los.

2. A promoção participativa dos fiéis na celebração litúrgica

No bojo dos movimentos de renovação, que culminaram na celebração do Concílio Vaticano II, recuperou-se entre outras coisas a íntima conexão entre Eucaristia e Igreja. É assim que a Constituição sobre a Sagrada Liturgia compreende o povo de Deus, congregado liturgicamente: novo sujeito da ação eucarística. Destarte, a ativa participação frutuosa dos membros da assembleia litúrgica congregada é erigida como norma e ideal da liturgia eucarística, ensina:

> Para chegar a essa eficácia plena, é necessário que os fiéis se acerquem da Sagrada Liturgia com disposições de reta intenção, adaptem a mente às palavras, e cooperem com a graça divina para não recebê-la em vão. Por isso, é dever dos sagrados pastores vigiar para que, na ação litúrgica, não só se observem as leis para a válida e lícita celebração, mas que os fiéis participem dela consciente, ativa e frutuosamente (SC 11).

Trata-se, pois, de uma participação pessoal e consciente, superação e compreensão da liturgia como culto "oficial" da Igreja, ultrapassar o que era fortemente acento de apego às rubricas e ao rito pelo rito, o esteticismo dos ritos, para neles inspirar uma verdadeira oração comunitária e individual. É desejo ardente da mãe Igreja que todos os fiéis cheguem àquela plena, consciente e ativa participação na celebração litúrgica (cf. SC 14).

Como exigência a própria natureza da liturgia e por força do Batismo, plena e ativa participação à primeira e necessária fonte espiritual da qual o povo de Deus acolhe, absorve e recolhe o espírito verdadeiramente cristão. A Igreja deseja ardentemente que os fiéis sejam levados a esta participação dialógica e transformadora.

A participação frutuosa da Eucaristia, o Sagrado Mistério da Eucaristia, constitui o tesouro mais precioso que o Senhor Jesus deixou à sua Igreja. A Igreja procura, solícita e cuidadosa, que os fiéis cristãos não assistam a este Mistério de fé como estranhos ou espectadores mudos. Ela cuida para que participem na ação sagrada, consciente, piedosa e ativamente, por meio de uma boa compreensão dos ritos e orações; sejam instruídos na Palavra de Deus; alimentem-se da mesa do Corpo do Senhor; deem graças a Deus.

Deseja a Igreja que o povo de Deus, os fiéis aprendam humildemente a oferecer a si mesmos como Igreja do Filho, com Cristo ao Pai, que vivam unânimes no amor, de tal modo que toda a sua vida se transforme numa grande oferta a Deus. E, assim, a assembleia unida com Deus e entre si, Ele, nosso Deus presente, será tudo em todas as criaturas amadas por Ele. Trata-se, portanto, não só de celebrar o Mistério Pascal, mas muito mais, vivê-lo no dia a dia (cf. SC 48).

Ensina a *Sacrosanctum Concilium*: da Eucaristia, como de sua raiz, brota o amor fraterno e que ao amor fraterno celebrado conduz à alma da verdadeira comunidade. A celebração eucarística, como centro e manifestação principal da Igreja, convoca: indo à busca do centro da sua vida, nas assembleias se reúnem as comunidades para ouvir a Palavra de Deus, a qual pede e motiva a caridade mútua, laço de união na convivência cristã (cf. SC 41).

No mistério da comunhão eucarística, ceia sacrifical, os fiéis participam, renovando as forças para amar e servir, renovando o ambiente familiar, eclesial e da sociedade[89].

A *Sacrosanctum Concilium.* visa a uma participação frutuosa e eficaz que consiste antes de tudo em acolher a graça, numa atitude de conversão, de resposta à proposta de Deus de Salvação, de Graça, de Glorificação. Uma participação frutuosa na celebração eucarística implica que nos configuremos com Cristo, com sua vida e com sua morte, para participarmos um dia de sua Ressurreição (cf. Fl 3,10ss): "Aprendam a oferecer-se a si mesmos, ao oferecer juntamente com o sacerdote, que não só pelas mãos dele, a hóstia consagrada" (SC 48; cf. LG 11).

É proposta do gesto divino, resposta do ser humano, dádiva e missão, louvor a Deus e salvação do ser humano, participação pessoal e celebração comunitária, memória que atualiza o passado e abre-se para o futuro[90]. A participação consciente na Eucaristia deve nos fazer crescer na esperança dos bens futuros.

3. A recepção do Sacramento Eucarístico no pós-Vaticano II

A *Sacrosanctum Concilium* trata-se de um documento que vai ao encontro da nova sensibilidade cultural amadurecida no século XX, no nível religioso: emancipação e protagonismo da comunidade, traduz-se em exigências de participação ampliada para todos, simplicidade fundamental para contemplar a experiência de fé de todo um povo e autenticidade da fé e sua relação com a vida cotidiana. Nesse sentido, o próprio documento significa já uma tentativa de adaptação da liturgia à realidade manifestada e

---

[89] Cf. ETSPULER, José. A Eucaristia. Op. Cit., p. 10.

[90] Portanto, não significa um ato de memória humana para salvar um acontecimento passado do esquecimento. É sim Deus que, no culto, conserva no presente do povo as suas "maravilhas" passadas, ou seja, os seus atos poderosos de misericórdia e salvação.

não domesticada, mas libertada dos modismos e condicionamentos que tendem à superficialidade.

Até os nossos dias se vive um impasse na compreensão da participação da Sagrada liturgia por parte dos fiéis, com sérias consequências para a vivência sacramental. Quanto à recepção da *Sacrosanctum Concilium* praticamente só se considerou a participação ativa, dando menor ênfase à participação consciente e plena. A participação ativa foi reduzida à participação oral e se caiu numa verbosidade exagerada.

Assim, quanto mais se fala e se canta, mais ativa é considerada a participação. Esqueceu-se e ainda se esquece de que a participação ativa da liturgia engloba todas as faculdades da pessoa, a inteligência, a vontade e os sentimentos, e todos os sentidos: a vista, o ouvido, o olfato, o paladar e o tato.

A participação da liturgia é, antes de tudo, ação, é uma participação de corpo inteiro. Daí a tendência de fazer com que os homens e mulheres participem de orações presidenciais. Acaba-se transformando a assembleia toda ela celebrante em plateia de show, em espetáculo. A participação consciente depende muito da catequese em geral e da formação litúrgica em momento anterior à celebração.

A recepção do sacramento da Eucaristia pós-vaticano II ainda está carregada de falsas compreensões, em que predomina o barulho ruidoso das assembleias e o esvaziamento místico dos fiéis, esquecendo-se, em nome de uma suposta participação devocional e mágica, a participação da plenitude do mistério que é celebrado e a comunhão na celebração da Eucaristia.

Quanto à participação consciente e plena da liturgia eucarística para que ela seja frutuosa e eficaz, mesmo provisória, com a tensão entre o que já é uma realidade e o que ainda não se verifica. Nesta linha de reflexão a Igreja latino-americana e caribenha recepciona as mudanças litúrgicas do sacramento da vida e sua sacralidade que,

> abre-se para a esperança por dias melhores e a celebração se torna um lugar da vinculação profunda que existe entre o plano salvífico de Deus, realizado em Cristo, e as aspirações humanas dos nossos povos; entre a história da salvação e a história humana; entre a ação reveladora de Deus e a experiência das comunidades de fé que vivem os valores temporais. Esta unidade que exclui a dicotomia da vida temporal com a vida eterna, tem sua expressão mais alta na liturgia[91].

Nossa geração continua celebrando a Eucaristia e refletindo sobre Ela. E o faz com um duplo esforço: por um lado, ser fiel à vontade de Cristo e à tradição mais viva da Comunidade de fé, a Igreja; e, por outro, ser fiel às mudanças culturais e à sensibilidade do ser humano de hoje, que é quem deve celebrar este admirável sacramento, que Cristo recomendou e que sinceramente precisa ser celebrado até que Ele venha.

As comunidades do povo de Deus receberam a Constituição conciliar com alegria, mas não sem dificuldades ainda a serem vencidas hoje, quanto ao individualismo devocional a ser superado para a qualidade da participação sacramental, a orientação comunitária da vivência da Eucaristia, conforme anseios das bases, valoriza a eclesialidade, e na imagem do banquete, como expressão do Reino de Deus comum a todos os fiéis, homens e mulheres. O Senhor mesmo nos deixou o seu Corpo e Sangue como alimento do Reino. O pão e o vinho eucaristizados se transformam em pão e vinho do Reino, início da utopia final[92].

---

[91] BOFF, Lina. A Esperança como Teologia da História. Op. Cit., p. 139.

[92] Cf. CODINA, Victor. Sacramentos. In: MYSTERIUN LIBERATIONIS II. ELLACURIA, I-SOBRINO, J (Org) Conceptos fundamentales de la teologia de la liberación. El Salvador: UCA editores, 1992, p. 288-289. Para os sacramentos como símbolos proféticos do Reino de Deus e os sacrametos, p. 275-284.

A Santa Eucaristia é o anúncio do despontar do Reino de Deus, o qual vem realizando-se em cada pessoa e na Igreja quando, mediante a participação ao Corpo e ao Sangue sacrificado de Jesus Cristo, se entra naquela "passagem de Cristo", que continua no mundo "até que Ele venha".

III. Avanços pós-*Sacrosanctum Concilium*

A comunidade do povo de Deus, em torno da mesa do Altar, vibra e participa do pão do céu, voltada para o acontecimento salvífico. A assembleia está muito mais ativa e presente na celebração, em muitas comunidades responderam aos avanços litúrgicos e protagonizam, criativamente, uma experiência mística da presença do Sacramento do Pai, Jesus eucarístico.

É compreendida a celebração da Eucaristia como verdadeira Ação Litúrgica, expressão da força, da vitalidade sacramental do povo de Deus. Cristo se faz presente e faz-nos partícipes de seu mistério pascal, sacrossanto mistério, como evoca o título do capítulo II da Constituição.

A comunidade, em torno da mesa eucarística, participa do mistério salvífico de Cristo mediante a reunião da comunidade ativamente participante, mediante a proclamação dos textos bíblicos, mediante as respostas dialogantes, mediante os cânticos e orações, na adoração Daquele que é recebido, partilhado e vivido à missão.

Na realidade o mistério de Cristo na Missa é uma Páscoa, uma passagem do mundo ao Pai, um sacrifício, uma consagração da Igreja e de seus fiéis; é um enfrentar a travessia do deserto do mundo para arribar à vida; é um seguir a Cristo, à procura de uma purificação que nos livre dos nossos pecados; é um ingresso no Santuário de Deus Pai através do véu da carne de Cristo feita por nós nova via, até chegarmos ao monte santo, que não será mais o Sinai do temor, mas a Sião do Amor[93].

A condução da Igreja pelo sacramento da Eucaristia só é verdadeira na medida em que a eficácia sacramental transcende o momento da celebração e se traduz em vida. Com isso se remete da celebração à história e da história do dia a dia à celebração. E a ação histórica da comunidade de fé na fidelidade a Cristo devolve ao mistério celebrado sua atualidade e seu verdadeiro sentido. Só no conjunto da vida, no seguimento de Jesus, que a assembleia faz experiência radical do verdadeiro dom eucarístico, visa à práxis e brota da práxis e adquire o coerente sentido[94].

Presente ao Pão e Vinho da Vida aproximados aos fiéis, na Pessoa Salvadora de Jesus Cristo, a celebração eucarística se transforma em expressão mais perfeita e completa da fé, a Eucaristia é a fonte e o centro da vida da comunidade cristã. A Eucaristia, fonte e ponto alto da vida cristã, faz com que nossas comunidades se expressem como fraternidades eucarísticas, um povo eucarístico que vive sacramentalmente o encontro com o Cristo Salvador, celebra com alegria e esperança e espera no Senhor o Reino que se anuncia e vislumbra-se no partir do pão.

A comunidade eclesial se reúne para a partilha dos dons no pão da Palavra e da Eucaristia e perseverar na catequese, na vida sacramental e na prática da caridade. Como já acentuamos a participação dos fiéis mais presentes e ativamente na ceia do Senhor, a comunhão eucarística.

Nesse sentido, assim lemos na Constituição Conciliar: "Recomenda-se muito vivamente aquela mais perfeita participação na Missa, pela qual os fiéis, depois da comunhão do

---

[93] Cf. MARSILI, Salvador. A Missa, Mistério Pascal e Mistério da Igreja. In: BARAÚNA, G. A Sagrada Liturgia Renovada pelo Concílio. Op. Cit., p. 398-399.

[94] Cf. TABORDA, Francisco. Sacramentos, práxis e festa. Op. Cit., p. 160-162.

sacerdote, recebem do mesmo sacrifício o Corpo do Senhor" (SC 55). A participação à comunhão do Mistério Pascal evidencia claramente participação do sacrifício celebrado.

A renovação eclesial e litúrgica provocada pela Sacrosanctum Concilium motiva uma compreensão da Eucaristia em chave de Sacrifício e pascoal; o lugar privilegiado, no qual Deus, comunhão trinitária, e os seres humanos, comunidade reunida, marcam encontro é a mesa eucarística e dessa mesa nasce a fidelidade, na reunião e participação, radical. Celebrando a Eucaristia, a Comunidade eclesial, à qual Cristo confiou o memorial de sua Páscoa, não se limita a observar ritualmente o mandamento "fazei isto e memória de mim" (Lc 22,18-20; 1Cor 11,23-25), mas faz seu gesto de autodoação do Senhor também ela.

O desejo de que a participação na ceia eucarística do Senhor seja cada vez mais, visivelmente, compreendida pela comunidade, tem levado a Igreja a oferecer em diversas ocasiões a comunhão sob duas espécies. A razão, de se administrar a comunhão sob as duas espécies, é para que apareça claramente a plenitude do sinal da ceia eucarística e se compreenda melhor o mistério no qual tomamos parte. Afinal, a comunhão sob as duas espécies provoca, na visão do texto da Constituição Conciliar n. 55, uma "mais perfeita participação" do povo de Deus na celebração da Eucaristia[95].

Na celebração eucarística, a comunidade do povo de Deus renova sua vida em Cristo. A Eucaristia, na qual se fortalece a comunidade dos discípulos e discípulas, é para a vida da Igreja uma escola de vida cristã para a reconciliação e justiça para a vida das criaturas todas.

---

[95] DE MELO, José Raimundo. A participação ativa na liturgia: grande aspiração da reforma litúrgica do Vaticano II. In: DA SILVA, José Ariovaldo SIVINSKI, Marcelino (org). Liturgia: um direito do povo. Petrópolis: Vozes, 2001, p. 34.

O que de fato constitui uma verdadeira fraternidade, particular e universal, como célula viva da Igreja, é a celebração eucarística, principal manifestação da Igreja e fator primordial de sua realização.

Tudo isso resulta em consequências diretas sobre a prática cotidiana e a mística litúrgica-eucarística: a vida cristã é a que surge da alternância entre a reunião para a Celebração – em que se atualiza a salvação – e a dispersão no mundo à missão, para a atuação e dispensação evangelizadora testemunhal dos bens que decorrem da participação no mistério eucarístico.

Compromete-nos, participar dos avanços e renovações conciliares, a graça de poder realizar a participação na vida cristã, como efeito da Eucaristia, representando a vida de Jesus através do amor, da obediência e da gratidão para com o Pai, do perdão e da paciência, antes de tudo, como avanço à solicitude, exigência e efeito eclesiológico-social: na Eucaristia a vontade salvífica graciosa e definitiva de Deus torna-se presente, tangível e visível neste mundo, enquanto através da Eucaristia a comunidade visível e tangível dos crentes torna-se o sinal que não indica apenas uma possível graça e vontade salvífica divina, mas é a tangibilidade e a permanência dessa graça e dessa salvação.

1. Consequências impactantes para a Assembleia eucarística

Atitudes consequentes à participação da assembleia eucarística fazem-se muito claras à participação ativa dos fiéis (cf. SC 48). Vejamos algumas, que nos questionam e nos fazem refletir:

<u>Contribuir</u> com a formação da assembleia: não basta querer estar presente e assistir ou inclusive desejar participar. É preciso compreender e disponibilizar os meios. A

assistência pontual, a saudação amável àqueles que comigo entram na Igreja ou sentam-se ao meu lado, a disposição de ânimo para viver o que será celebrado, a colaboração com o clima festivo, a própria presença mais próxima do altar e não dispersos, a preparação antecipada das leituras do dia, tudo isso constitui-se em atitudes e gestos que contribuem para a qualidade da celebração.

Superar os individualismos: a assembleia não é a simples reunião ordenada de pessoas num determinado lugar. É união de corações e sentimentos mais profundos, é uma ação comum que nos afeta e a nós compete porque é de todos, como discípulos e discípulas do Sacramento vivo, que é Jesus Cristo. É a ação comunitária na qual cada um, homem e mulher, deve estar, participar e viver com as irmãs e irmãos queridos. Se perceber convocado a disponibilizar-se ao serviço da assembleia e suas necessidades mais urgentes. As exigências fraternas, como compromisso para com a história da vida da fraternidade local e universal, são muito claras (cf. SC 48).

Perdoar e aceitar o perdão: quem participa da Eucaristia deve ser uma pessoa disposta com toda a sua alma e todas as suas forças a reconciliar-se com Deus e com os irmãos e irmãs do povo de Deus. A medida do perdão que Deus nos concede é o perdão que damos e aceitamos de nossos irmãos e irmãs. Nosso desejo e nosso compromisso devem colocar todos os meios necessários para encontrar a reconciliação com o amor, a justiça, o perdão, atitudes contrárias privam de verdade nossa participação na Eucaristia e nosso impulso missionário.

Reconhecer o Senhor: Sabemos que Cristo está presente e atuante entre nós. Mas é preciso reconhecê-lo com os olhos da fé, por meio dos diversos sinais de libertação que expressam essa presença. Reconhecer o Senhor presente é ter os olhos dos discípulos de Emaús, capazes de reconhecer o Cristo ressuscitado na fração do pão, capazes de descobrir Cristo nos irmãos e irmãs, principalmente os mais sofredores e mais fragilizados como vítimas de todo tipo de injustiça, na Palavra, nos sinais, no denso silêncio e na admiração do 'coração ao alto', aberto a atitude amorosa de evangelização: "Naquela mesma hora, levantaram-se e voltaram para Jerusalém" (cf. Lc 24,33)[96].

2. *Vivência eucarística atualizada: assumir conflitos*

A reforma e renovação litúrgica fomentam a participação, que conduz à comunhão da comunidade, a assembleia do povo de Deus que assume um rosto e uma ética responsáveis uns pelos outros. Esta participação plena, consciente e ativa na liturgia eucarística é compreendida como fonte inesgotável e necessária do espírito verdadeiramente cristão. Ensinam os Bispos reunidos em Puebla:

> Os sinais, importantes em qualquer ação litúrgica, devem ser empregados de maneira viva e digna, com o pressuposto duma catequese adequada. As adaptações previstas na Constituição *Sacrosanctum Concilium* e nas normas pastorais posteriores são indispensáveis para se conseguir um rito acomodado a nossas necessidades, especialmente às do povo simples, tendo-se em conta suas legítimas expressões culturais (Documento de Puebla n. 926).

A atualidade do texto, quanto às exigências e consequências pastorais, continua inesgotável apelo à Igreja. É, portanto, relevante que a formação litúrgica das comuni-

[96] Cf. BOROBIO, Dionisio. Celebrar para viver. Liturgia e sacramentos da Igreja. São Paulo: Loyola, 2009, p.230-231.

dades considere e contemple a liturgia eucarística como ponto culminante e manancial da atividade da Igreja peregrina e atuante no seu compromisso de vida cristã. É a Igreja que celebra a fé, na liturgia, como encontro com Deus e com os irmãos e irmãs, na dimensão da festa[97] de comunhão eclesial, testemunhando com sinais de comunhão, fruto da Eucaristia, o Reino.

Tanto nos preocupa as consequências e os impactos, a vivência, a formação consequente e atualizada sob a leitura feita e a experiência das nossas comunidades, a partir da *Sacrosanctum Concilium*, em torno do Sacramento da Eucaristia, que reproduzimos os questionamentos feitos por Lina Boff:

> A primeira pergunta que assalta a nossa mente e a nossa vivência de fé neste grande Sacramento é esta: Como celebrar a Eucaristia num mundo de injustiças e de sinais que não apontam para a esperança?(...) Pode-se ter de um lado a Missa, que celebra a vida, e de outro viver a morte violenta? Que sentido tem celebrar a Memória de Jesus numa comunidade onde oprimidos e opressores se encontram lado a lado? Numa situação conflitiva, é responsável celebrar a Memória do Senhor, atualizar a entrega de Jesus, seu gesto de amor e deixar que tudo corra como antes?[98]

São questionamentos pertinentes, eloquentes, que devem ser relevantes às nossas comunidades, que celebram a presença sacramental do Senhor eucarístico, ainda entre

---

[97] A festa revela o sentido do cotidiano, tira-lhe a monotonia alienante, provoca à construção do futuro, revela as utopias que vazem visíveis e modificáveis as realidades cotidianas. Para o sentido da celebração e festa: TABORDA, Francisco. Sacramentos, práxis e festa. Op. Cit., p. 50-60.

[98] BOFF, Lina. Da Esperança à Vida Plena. Op. Cit., p. 71.

dilúvio e arco-íris é imperativo inquietar o nosso coração e impelir nossas atitudes, saciados pelos mistérios pascais, a viverem em união perfeita e, fiéis na vida, a quanto recebemos pela fé. E renovados pela Eucaristia, a Aliança do Senhor conosco, solicitar e estimular a Igreja para a imperiosa caridade de Cristo e obstinados gestos proféticos.

> Por consequência, a Igreja nasce da Eucaristia e é a Eucaristia que faz a Igreja com sempre novo ardor no caminho da história. Na Eucaristia, como memorial da Páscoa do Senhor, acontece a "renovação da Aliança do Senhor com os homens" (SC 10), e a Igreja renova o pacto da qual nasceu e cresceu no seu caminho histórico, em vista da realidade definitiva, entre dores e sinais eloquentes de ressurreição.

Pela celebração eucarística, a comunidade do povo de Deus se torna "um só coração e uma só alma" (At 4,32). Um só sentimento, na unidade que impulsiona a comunidade a se tornar evangelizadora com a força e a audácia do Espírito, despertos pelo mandato de Jesus, sua memória revolucionária e incômoda a qualquer comodismo estagnação (Cf. 1Pd 3,8; At 4,33).

Em síntese, indica o Documento de Aparecida, eco destes ensinamentos: "A Eucaristia, fonte e ponto alto da vida cristã, faz com que nossas paróquias sejam sempre comunidades eucarísticas que vivem sacramentalmente o encontro com o Cristo Salvador" (Documento de Aparecida 175a). Consequentemente, na Eucaristia, a Igreja se reconhece como comunidade reunida sob a convocação divina, chamada a inserir-se no movimento de oferta e serviço, e nela reconhece o seu centro e o seu modelo, pois somos os filhos e filhas da luz, o sal da terra da dor, mas os mensageiros profetas, no luto, na luta inquietante e à luz do inquebrantável Amor.

3. A Assembleia litúrgica: caminho que se faz caminhando

Percebe-se a contínua necessidade de se aprofundar a compreensão da Eucaristia como memorial do mistério pascal de Jesus Cristo, para que se possa celebrar e viver mais perfeitamente o mistério eucarístico na vida da Igreja nas suas várias expressões de povo reunido. Esse processo poderá ser deveras transformador, se perpassar todos os segmentos da Igreja, desde o atual clero, passando pelos futuros presbíteros, pela catequese, pelos agentes de pastoral e, consequentemente, até atingir todo o povo de Deus.

A celebração desperta na vida, e atitudes que correspondem aos gestos e palavras, mostrando que o sacramento eucarístico visa à vida. Também o sacramento expressa louvor pelo dom gratuito de Deus, petição de sua graça (cf. 1Pr 3,21). Para que seja oração cristã o mistério da Eucaristia deve estar como que "encaixado" numa vida de seguimento de Jesus em todas as realidades, expressão da celebração da gratuidade do dom de Deus[99].

Os traços de uma comunidade litúrgica são presentes em muitas comunidades do Povo de Deus, como a força que assegura a coesão da família de Deus no meio das tensões e dos conflitos, e é em primeiro lugar a vitalidade de sua itinerância na fé e no amor. Como compromisso desafiador e impactante para a vida de fé, a Eucaristia significa a sua realidade mais profunda, pois desafia e congrega o povo de Deus como família que participa de uma única mesa, onde a vida de Cristo, entregue sacrificalmente, se faz a única vida de todos os irmãos e irmãs no Senhor.

A assembleia litúrgica é um movimento do povo de Deus para, diante do Senhor, permanecer renovando o compromisso da aliança com o Deus libertador do seu povo pere-

[99] Cf. TABORDA, Francisco. Sacramentos, práxis e festa. Op. Cit., p. 177

grino. O Deus que se revela pela sua Palavra é o Deus que atua na história, libertando o seu povo, ontem como hoje[100].

A celebração litúrgica da Eucaristia é memorial da Páscoa de Cristo, sim, mas do Cristo Cabeça e membros, do Cristo total, do Cristo que continua morrendo e ressuscitando no sofrimento de muitos dos seus filhos e filhas; é na Pessoa do Filho Jesus que Deus compassivo se faz presente, atualizando o seu amor misericordioso: "Ao ver a multidão teve compaixão dela, porque estava cansada e abatida como ovelhas sem pastor" (Mt 9,36; cf. Mt 15,32; Mc 6,34; 8,1-8).

Consequentemente a renovação litúrgica desenvolvida e assumida pela Igreja, pós-*Sacrosanctum Concilium*, é orientada, ainda hoje por critérios pastorais fundados na própria natureza da liturgia e de sua função permanentemente evangelizadora, com os mesmos sentimentos de compaixão e misericórdia que fizeram Jesus se comover pelos sofrimentos do seu povo, ao ponto último de dar a vida, tornando-a Eucaristia para a libertação de todos os males, como ensina a Igreja: "Estimular à prática da caridade, da piedade e do apostolado, que mostram que os fiéis não são deste mundo, mas estão aqui como luz do mundo, para glorificar ao Pai diante dos homens" (SC 9). A justiça de Deus continua triunfando da injustiça dos seres humanos.

Enquanto proclamamos a Boa Nova e celebramos sua presença sacramental, na vida eucarística, no Sacramento da Eucaristia, a pessoa de Jesus Cristo convoca os seres humanos a serem criaturas novas pela novidade permanente de sua presença e da vida presente, segundo o Evangelho, para sustentarem seu esforço e revigorarem sua esperança. Ele continua despertando, hoje, anseio de salvação libertadora no coração de todos os filhos e filhas. Urge, por isso, descobrir sua presença autêntica na história viva, entre

---

[100] Cf. BUYST, Ione. Como estudar Liturgia. São Paulo: Paulus, 1990, p. 85-86.

sofrimentos e alegrias, convocados, homens e mulheres, às núpcias do Cordeiro (cf. Ap 19,9).

> Na perspectiva do caminho da Igreja ao longo do tempo, a referência à Ressurreição de Cristo e o ritmo semanal desta memória solene ajudam a lembrar o caráter de peregrino e a dimensão escatológica do povo de Deus. Com efeito, domingo a domingo, a Igreja vai avançando para o último Dia do Senhor, o Domingo sem-fim. (*Dies Domini,* n. 37).

A expectativa da vinda de Cristo está incluída no mistério da Igreja e faz-se visível na celebração eucarística. A Igreja continua reunindo os filhos e filhas para o mistério eucarístico, para a expectativa do esposo divino, antecipando a alegria dos novos céus e da nova terra (cf. Ap 21,1-4). A alegria nova dos filhos e filhas resgatados para a comunidade inaugural (cf. At 2,42-47). Caminho que se faz caminhando, orientados, homens e mulheres, cada ser humano resgatando o essencial da sua mística eucarística, na vivência e renovados na fé pela graça eucarística, transformadora e salvadora[101].

4. Resgate do Grande Sacramento

A nova concepção litúrgica eucarística, gerada pós-*Sacrosanctum Concilium* na comunidade cristã, inaugura e propicia um diálogo constante e permanente com a pós-modernidade, com o mundo e sua pluralidade, para que as pastorais e os ritos sejam inculturados, valorizados e reconhecidos pela comunidade do povo de Deus,

[101] Neste aspecto, ratifica Lina Boff: "A celebração do Memorial já é o começo da restauração de tudo em Cristo (cf. At 3,21), atinge-se, portanto, o sentido mais profundo e real da vida terrena, sentido que aponta para a plenitude" (BOFF, Lina. Da esperança à vida plena. Op. Cit., p. 45)..

aberta para o Deus vivo e verdadeiro, voltada para o Deus de Jesus Cristo, o Deus do Reino, em meio aos conflitos, sensível à comunhão fraterna como expressão central do Reino e de seu Deus.

Enumeramos algumas das conquistas, elementos eucarísticos resgatados e bastante significativos, tais como a centralidade do mistério pascal. Resgata-se o verdadeiro sentido pascal do mistério da fé. Importante lembrar o resgate da consciência da presença real do Senhor na totalidade da celebração eucarística, na assembleia, na Palavra, na pessoa do sacerdote e sob as espécies de pão e de vinho (cf. SC 7).

Resgata-se a principal fonte de mística cristã, a experiência da Eucaristia como celebração do memorial da Páscoa (cf. SC 14); por seu mistério pascal, o Senhor assume e liberta, à luz da Palavra de Deus proclamada, o mistério celebrado e a assembleia ouvinte e dialogante, sob profunda, frutuosa e atenta participação na ação sacrifical do Cristo, raiz e eixo de toda a vida da comunidade. É o resgate da Eucaristia como a liturgia que expressa a ação de Cristo, encontro dos irmãos e irmãs, festa e labor de comunhão eclesial.

A centralidade da Palavra, com leitores qualificados, ambão em destaque, uso do Lecionário e/ou Evangeliário. Recomenda-se vivamente a homilia como parte da própria liturgia, deixar a Palavra de Deus proclamada e ouvida falar (cf. SC 52). A consciência da liturgia da Palavra e da liturgia eucarística como um só ato de culto e a conquista do mistério celebrado como principal fonte de inspiração para uma verdadeira teologia eucarística (cf. SC 24-25.51).

Relevante redescoberta da mistagogia como metodologia mais apropriada na iniciação à vida eucarística. O povo de Deus resgatou o caráter comunitário, ministerial e participativo da celebração eucarística. A conquista do sujeito da ação sacramental como sendo a comunidade eclesial, povo sacerdotal (cf. SC 26 e 48). Realça a participação plena, consciente, ativa e frutuosa na celebração da divina liturgia como um direito e dever de todas as pessoas (cf. SC 14 e 48).

Cresce a consciência da necessidade da celebração se adaptar às diferentes culturas e índoles dos povos, com sua linguagem verbal, gestual e musical próprias (cf. SC 37-40). Recupera-se a "nobre simplicidade" da liturgia eucarística de nossa antiga tradição dos Padres (cf. SC 34.50).

Por fim, e não pretendendo esgotar o sumário das conquistas, uma vez que a rica e sadia criatividade das celebrações, nas comunidades, são múltiplas, variadas, inesgotáveis, principalmente na suavidade, na calma e no silêncio, resgata-se a preocupação com a qualidade teológica, pascal, ritual, mística da celebração eucarística e sua linguagem simbólico-ritual. Daí a necessária, pertinente e relevante insistência na formação litúrgica em todos os níveis, tanto do clero como dos agentes de liturgia, em processo permanente de aprendizado (cf. SC 14-20)[102].

Cristo, pelo sacramento da Eucaristia, continua, mediante a ação da Igreja, encontrando-se com os discípulos e discípulas no seu seguimento pela missão da Igreja, envolvendo todas as pessoas no único projeto de salvação. O Documento de Puebla ensina:

> Jesus Cristo, exaltado, não se apartou de nós. Vive no meio de sua Igreja, especialmente na Sagrada Eucaristia e na proclamação de sua Palavra. Está presente

---

[102] Cf. DA SILVA, José Ariovaldo. Disponível em : http://teologia777.blogspot.com.br2008/12/reforma-eucaristica-4-vaticano-ii.html. Acesso em 05 de Agosto de 2012.

> no meio dos que se reúnem em seu nome e na pessoa dos pastores que envia; e quis identificar-se num gesto de ternura particular, com os mais fracos e os mais pobres (Documento de Puebla 196).

Numa feliz referência a 1Pd 2,9, a *Sacrosanctum Concilium* desloca o centro, de uma liturgia centralizada na pessoa do sacerdote celebrante, para a assembleia do povo sacerdotal (cf. SC 33; 41). A mesma Constituição colocou novamente as palavras desta carta no próprio centro da vida e do compromisso de toda a Igreja. Os acenos aqui esboçados não pretendem descrever toda a experiência pós-*Sacrosanctum Concilium* e sua repercussão na vida eclesial, mas apenas chamar a atenção para um possível caminho aberto rumo a uma Igreja com traços generosamente eucarísticos libertadores, voltada para o Senhor. Ele será sempre o Mistério e o nosso eterno Futuro.

A modo de conclusão

Destacamos primeiramente a compreensão do dado primordial que a Constituição aqui apresentada nos oferece: o centro da vida da comunidade cristã, a qual, pela fé, sabe que a Eucaristia é a fonte e a culminação de sua vida. Ao final destas considerações, acerca de algumas das dimensões constitutivas da Eucaristia, não nos resta senão que atestar a inaudita profundidade deste mistério. Este é o caminho mais propício para uma aproximação teológica da Eucaristia.

O percurso que, com lento vagar, da Celebração conduz à reflexão teológica resulta altamente promissor quando a intenção é auscultar, escutar por dentro e com experiência mística para viver o sentido transformador do mistério eucarístico.

O Cristo é o centro procurado, amado, contemplado e testemunhado na celebração eucarística. A Igreja reconhece na Eucaristia o lugar central da experiência de fé que constitui o povo de Deus, é ponto de referência para a edificação de vida que esteja, em Cristo, em conformidade com a vontade do Pai e em perfeita docilidade ao Espírito, ensina o beato João Paulo II: "A Igreja vive da Eucaristia. Esta verdade não exprime apenas uma experiência diária de fé, mas contém em síntese o próprio núcleo do mistério da Igreja" (*Ecclesia de Eucharistia* n. 1).

O povo de Deus é a memória viva do Mestre, porque é inserido em suas idealidades; e essa dignidade é viva e fecunda na celebração eucarística, porque torna vibrante, alegre, confortante e apascentada a sua vida cotidiana, se deixa atrair por Jesus e guiar pelo Espírito, e, com os irmãos e irmãs, participamos do único radical e definitivo sentido da vida, aquele que Jesus levou adiante em todo o arco de sua história e viveu em plenitude na árvore da cruz.

Vimos, na linguagem do banquete escatológico, que a Eucaristia põe claramente em luz esta sintonia: o cristão vê o mundo como o Cristo o vê, age na história com o Espírito de Cristo e ama os homens e mulheres com o coração de Jesus. Tal é a fecundidade que anima os comensais reunidos na assembleia em torno da mesa do Corpo e do Sangue do Senhor. Há uma tensão escatológica que é compreendida como sendo a irrupção no hoje litúrgico Daquele que É, que Era e que Vem. Ele, o Ressuscitado, é o Vivente, está sempre presente. Por isso a Eucaristia é o Sacramento da presença Daquele que disse: "Eu estou sempre convosco até o fim dos tempos" (Mt 28,20).

É bom reter que as realidades visíveis que formam o conjunto ritual e são, ao mesmo tempo, pauta e expressão do Espírito, que anima os participantes da assembleia orante, não se limitam ao âmbito terreno: "Na liturgia o humano é orientado e subordinado ao divino, o visível ao invisível, a ação à contemplação, a realidade presente à futura cidade para a qual estamos encaminhados" (SC 2).

A comunhão sacramental da assembleia orienta para estar sempre com o Senhor. De fato a assembleia litúrgica compromete-se com a linguagem celebrativa e sente o poder do Espírito, que a guia para entrar na morte do Mestre, a fim de subir com Ele para a glorificação da ressurreição, para gozar, enfim, da comunhão mística de amor com as Pessoas divinas (cf. Ap 3,20).

Sublinhamos a participação no mistério eucarístico, como experiência de Deus na vida da comunidade celebrante. A proximidade de Deus gera uma nova comunhão, que culmina na experiência de serviço incondicional às criaturas, por amor de Deus. Para esta Constituição Conciliar a comunidade eucarística está em atitude de vigilância constante no Espírito, a fim de ir ao encontro do Senhor e estar definitivamente com Ele no banquete, na plenitude dos tempos, no *éscahaton* desta história; então tudo será Eucaristia, vale dizer, Ação de Graças, afinal, o nosso coração 'arde' por estar em Deus!

A celebração litúrgica da Eucaristia é o cântico sacramental, participante da obediência de Cristo para a salvação e expressão da comunhão da comunidade do povo de Deus, em louvor de sua glória, sinal de justiça fraterna (cf. At 2,42-47) e compromisso com o Reino que o Filho inaugurou (cf. Mc 1, 14-15). A comunidade do povo de Deus é chamada a superar todo jurisdicismo vazio e toda indiferença egoísta, superar relações de pecado, conquistando a terra sem males, se identificar com a realidade anunciada e já cumprida em Cristo. O povo de Deus celebra a vida, apronta a festa do Reino, antecipa-o, e dele somos servos e servas, animados pela força da celebração eucarística, todo um povo que se levanta para o amor definitivo e permanente: "a expectação da feliz esperança e vinda do Senhor" (SC 102).

A *Sacrosanctum Concilium* inspirou-se na eclesiologia de comunhão e participação, que a fez superar os documentos anteriores do magistério eclesiástico. Situou-se na perspectiva e anseios do povo de Deus, num autêntico gesto de quem desejava mergulhar na alma do povo e abrir para ele os tesouros, riquezas da sagrada liturgia, escondidos por tantos séculos,

> é o cumprimento de um ardente desejo do Papa João XXIII, que um dia, ao terminar uma celebração litúrgica em uma igreja de Roma, assim exclamou: "como sofro ao pensar nas belas orações que acabo de rezar e que vocês não entenderam (...) É preciso que um dia esses tesouros se tornem acessíveis a todos". Falando plasticamente, a grande preocupação do Concílio é arrombar as grades que separam o presbitério da nave[103].

E o sonho está se realizando e avançando!

Bibliografia de referência

A EUCARISTIA: Fonte e ápice da vida e da missão da Igreja. Instrumentum Laboris. Sínodo dos Bispos. XI Assembleia Geral Ordinária. São Paulo: Paulinas, 2005.

ALDAZÁBAL, José. A Eucaristia. In: BOROBIO, D. A celebração na Igreja 2. Sacramentos. São Paulo: Loyola, 1993, p. 149-364.

___. A Eucaristia. Petrópolis:Vozes, 2002.

BARAÚNA, Guilherme. A participação Ativa, Princípio Inspirador e diretivo da Constituição Litúrgica. In: A Sagrada Liturgia Renovada do Concílio. Petrópolis: Vozes, 1964.

---

[103] BARAÚNA, Guilherme. A participação Ativa, Princípio Inspirador e Diretivo da Constituição Litúrgica. Op. Cit., p. 283.

BECKHÄUSER, Alberto. Liturgia na vida da Igreja. In: A Sagrada Liturgia. Estudos da CNBB n. 87, p. 76-87.

BIFET, Juan Esquerda. Eucaristia, pão partido para a vida do mundo. São Paulo: Ave-Maria, 2005.

BOFF, Lina. A Esperança como Teologia da História.Relendo as nossas Conferências Episcopais. In: Atualidade Teológica. Ano XIV. 2010, fasc. 35, p. 133-153.

___. Da Esperança à Vida Plena. Vivendo as realidades que entrevemos. Juiz de Fora: Editar Editora Associada, 2010.

BOROBIO, Dionisio. Celebrar para viver. Liturgia e sacramentos da Igreja. São Paulo:Loyola, 2009.

BUYST, Ione. Como estudar Liturgia. São Paulo: Paulus, 1990.

CODINA, Victor. Sacramentos. In: MYSTERIUM LIBERATIONIS. Conceptos fundamentales de la teologia de la liberación. ELLACURIA, I.-SOBRINO, J., El Salvador: UCA editores, 1992, p. 267-294.

COMPÊNDIO DO VATICANO II. Constituições, decretos e declarações. Petrópolis:Vozes, 2000, 29ª ed.

D'ANNIBALE, Miguel Ángel. A Celebração Eucarística. In: Conselho Episcopal Latino-Americano - Celam - MANUAL DE LITURGIA III. A celebração do mistério pascal. São Paulo: Paulus, 2005.

DA SILVA, Jose Ariovaldo. Reforma Litúrgica do Concílio Vaticano II. In: BUYST, I.,-DA SILVA, J.A., O mistério celebrado: memória e compromisso, I. São Paulo/Valência: Paulinas/Siquem. 2003.

___. http://teologia777.blogspot.com.br/2008/12/reforma-eucaristica-4-vaticano-ii.html

DE MELO, José Raimundo. A participação ativa na liturgia: grande aspiração da reforma litúrgica do Vaticano II. In: DA SILVA, José Ariovaldo-SIVINSKI, Marcelino. Liturgia: um direito do povo. Petrópolis: Vozes, 2001, p. 11-42.

DIES DOMINI. Carta Apostólica sobre a santificação do Domingo. Beato João Paulo II. In: Eucaristia: teologia e celebração. Documentos pontifícios, ecumênicos e da CNBB. São Paulo: Paulinas, 2006.

DOCUMENTO DE PUEBLA. Texto oficial da CNBB. E evangelização no presente e no futuro da América Latina. São Paulo: Loyola, 1979.

DOCUMENTO DE APARECIDA. Texto conclusivo da V Conferência Geral do Episcopado Latino-Americano e do Caribe. São Paulo: Paulinas/Paulus, CNBB, 2007.

DONGHI, A. Eucaristia. In: Dicionário de Mística. BORRIELLO, L, et. Al. (Org). São Paulo: Loyola/Paulus, 2003, p. 389-391.

ECCLESIA DE EUCHARISTIA. Carta Encíclica. Papa João Paulo II. São Paulo: Paulinas, 2003.

ETSPULER, José. A Eucaristia. São Paulo: Ave Maria, 2006.

GY, Pierre-Marie. Eucaristia. In: Dicionário Crítico de Teologia. LACOSTE, Jean-Yves (Org). São Paulo: Paulinas/Loyola, 2004, p. 679-687.

INSTRUÇÃO GERAL SOBRE O MISSAL ROMANO. 3ª Ed. Comentários de J.

ALDAZÁBAL. São Paulo: Paulinas, 2010.

LUTZ, Gregório. Vamos Celebrar. São Paulo: Paulus, 2011, 5ª ed.

MANE NOBISCUM DOMINE. Carta apostólica para o ano da Eucaristia. Beato João Paulo II, 2010, 5ª ed.

MIRANDA, Mario de França. A Igreja numa sociedade fragmentada. Escritos Eclesiológicos. São Paulo: Loyola, 2006.

RAHNER, Karl. Curso fundamental da fé. São Paulo: Paulus, 2008,4ª ed.

SACRAMENTUM CARITATIS. Exortação Apostólica Pós-Sinodal do Sumo Pontífice Bento XVI. São Paulo: Paulinas, 2007.

SACROSANCTUM CONCILIUM. Texto e Comentário. BECKHAUSER, Alberto. São Paulo: Paulinas, 2012.

SENEM, Cleiton José. Celebração e vida: dois momentos inseparáveis da celebração eucarística. REB 71, n. 281, janeiro 2011, p. 124-142.

TABORDA, Francisco. Sacramentos, práxis e festa. Para uma teologia latino-americana dos sacramentos. Petrópolis: Vozes, 1998, 4ª ed.

Eucaristia & Comunhão: Corpo de Cristo, "carne" da Igreja

Eva Aparecida Rezende de Moraes[104]

Podemos fazer várias reflexões a partir da Eucaristia. Podemos, por exemplo, usar uma chave teológica, pastoral, psicológica ou antropológica, entre outras. Aqui, neste breve artigo, optamos pela relação entre *eucaristia, eclesiologia* e *antropologia.*

Observamos que as três chaves de leitura possuem o *corpo* como elo de mediação e diálogo na reflexão teológica: a Eucaristia é o *Corpo e Sangue* de Jesus Cristo, transubstanciado do pão e do vinho, e a Igreja é o *Corpo* de Jesus Cristo, feito de *pessoas corpóreas,* formando o Povo de Deus, sendo, do Espírito, o templo. Esses "corpos" são, por sua vez, interligados pelo *corpo físico* do homem Jesus de Nazaré (= *encarnação*) e pelo *corpo ressuscitado* de Jesus, o Cristo.

As consequências do "corpo" como mediação para a teologia e a pastoral são muitas. A ordem de Jesus, na última Ceia com seus seguidores, é para que fizéssemos *isso* em memória d'Ele: *corpos* humanizados em comunhão, ao redor da mesa, centrada em Seu Corpo e Sangue, a serviço do *corpo eclesial.*

---

[104] Doutorada pela PUC-Rio, professora da Cultura Religiosa, Teologia à Distância, assessora grupos de pastoral e de reflexão religiosa em vários lugares do Brasil, assembleias diocesanas, professora do Estado e colaboradora da CRB.

A Comunidade Joanina, por sua vez, nos recorda, para além dos relatos da instituição da Eucaristia dos outros evangelistas: não existem, plenamente, Eucaristia e memória de Jesus sem o serviço concreto aos irmãos corpóreos (= *lava-pés*). São reflexões teológicas com claras implicações pastorais.

Primeiro, vamos analisar a "carne" da Igreja, Corpo de Cristo, que é a comunhão, celebrada na Eucaristia, e as três assertivas advindas dessa comunhão eucarística. Em seguida, vamos recordar os elementos constitutivos da Igreja, Corpo de Cristo: Batismo e Eucaristia. Em seguida, buscaremos apresentar a questão paulina da "carne", uma chave antropológica do "corpo" e uma chave eclesiológica da Igreja como "corpo". Vamos a elas.

1. Comunhão: a "carne da Igreja" Corpo de Cristo

A tradição dos primeiros séculos da Igreja concebeu e transmitiu o vínculo existente entre a Eucaristia e a pertença à Igreja[105]. Para a Igreja, a Eucaristia não é, apenas, a fonte da graça, à qual chega alguém para beber quando tem sede: a Eucaristia é o *acontecimento sacramental,* no qual a Igreja expressa sua natureza de agrupamento da diversidade humana em Jesus Cristo, que a reconcilia com o Pai e reconcilia seus membros entre si. A Igreja é, portanto, *comunhão.* Tiramos, dessa afirmação, várias assertivas.

A primeira assertiva

O que se quer dizer com a palavra "assertiva". É a proposição mais aceita e assimilada que se tem de uma afirmação explicada e fundamentada, hoje. Nesse caso, a primeira

[105] Cf. TILLARD, Jean-Marie R. *Carne de la Iglesia, Carne de Cristo. En las fuentes de La Eclesiologia de Comunion.* Verdad e Imagen. Salamanca: Ediciones Siguème. 2007. P. 11.

assertiva dos nossos dias, ao se falar de comunhão, é o *caráter comunitário* da Igreja. Como nos recorda o *Catecismo da Igreja Católica* em seus números 960-961, a Igreja é "*comunhão dos santos*" - uma expressão que designa, primeiro, as "coisas santas" e, antes de tudo, a Eucaristia, pela qual é "*representada e realizada a unidade dos fiéis que, em Cristo, formam um só corpo*"[106].

A expressão, "*Comunhão dos santos*", designa, também, a comunhão das "*pessoas santas*" em Cristo, de sorte que aquilo que cada um faz ou sofre em Cristo, e por ele, produz fruto para todos. Portanto, outro nome que é dado à Eucaristia é "*comunhão*" - porque é por este sacramento que nos unimos a Cristo, que nos torna participantes de seu Corpo e de seu Sangue para formarmos um só corpo (cf. 1 Cor 10,16-17)[107]. Portanto, a *comunhão eucarística* remete-nos à *comunhão dos santos.*

A santidade e a comunhão, ofertadas como alimento na Eucaristia, *Corpo e Sangue* de Cristo, visam à *comunidade cristã,* que é *Corpo* de Cristo: "*A Igreja é o corpo de Cristo. Pelo Espírito e pela ação deste nos sacramentos, sobretudo a Eucaristia, Cristo morto e ressuscitado constitui a comunidade dos crentes como seu Corpo*"[108].

Para caracterizar a *comunhão* nesta unidade de vida, que vem do Espírito em união com Cristo, São Paulo cria uma expressão: "*Corpo de Cristo*" (1 Cor 12,12-14:

> Porque, como o corpo é um todo tendo muitos membros, e todos os membros do corpo, embora muitos, formam um só corpo, assim também é Cristo. Em um só Espírito fomos batizados todos nós, para formar

---

[106] CONCÍLIO VATICANO II. CONSTITUIÇÃO DOGMÁTICA *Lumen Gentium*, nº. 3. *Apud* CATECISMO DA IGREJA CATÓLICA, nº. 960.

[107] Cf. CATECISMO DA IGREJA CATÓLICA, nº. 1331.

[108] CATECISMO DA IGREJA CATÓLICA, nº. 805.

> um só corpo, judeus ou gregos, escravos ou livres; e todos fomos impregnados do mesmo Espírito. Assim, o corpo não consiste em um só membro, mas em muitos[109].

Estar na salvação é estar "*em Cristo*"; mas, para "*estar em Cristo*", devemos nos encontrar sob o poder do "*Espírito de Deus*", que é inseparável da obra de Jesus, Filho de Deus, e estabelece a *unidade* de um corpo a todos aqueles e aquelas que acolhem o Evangelho *de Deus*. Assim é constituída a *Igreja de Deus* (cf. 1Cor 12,27-28) e a Igreja, Corpo de Cristo (cf. Col 1,18-19; Ef 1,22-23). Portanto: receber, de Deus, a salvação, é estar *agregado a um Corpo, animado pelo Espírito de Deus, o Corpo de Cristo,* que é a Igreja.

A vida do *Corpo de Cristo,* que é a Igreja, se expressa no *amor mútuo* e na *solidariedade*; a vida do Corpo de Cristo possui um único objeto: *os outros*[110]. A Carta aos Romanos, no seu capítulo 12, numa maravilhosa exposição, interpreta a lei evangélica em termos de solidariedade fraterna e de *comunhão no serviço mútuo*. O normal dessa vida cristã-comunitária é o *amor,* como se encontra, também, na Carta aos Efésios:

> No coração da fé, é abolida a divisão, por obra da cruz, na qual Cristo acabou com o ódio – Ele, Cabeça do Corpo, que é a Igreja (cf. Ef 2,13-22). A realidade do mesmo e único Corpo – a Igreja –, com seu mesmo e único Espírito (cf. Ef 4,4) e sua origem na destruição, pela cruz, dos muros da separação, são a lei essencial da existência cristã (cf. Ef 5,2).

---

[109] Cf. TILLARD, Jean-Marie R. Carne de la Iglesia, Carne de Cristo, ob. cit.
[110] Cf. *ibidem*. P. 18-20.

Essa exigência se expressa numa série de comportamentos, que tem como norma a referência *aos outros e às outras*. O Corpo de Cristo – a Igreja – é construído *na unidade, na comunhão*, segundo o "homem novo", nascido das águas do batismo (cf. Ef 4,24).

É isso que encontramos nas páginas do Novo Testamento: elas insistem muito mais na glorificação de Deus e no comportamento que devemos adotar *com os outros*, do que numa ética centrada no próprio indivíduo[111]. Não se nega, nessas páginas, que o cristão e a cristã possuem deveres para consigo, seu corpo, sua alma, seus bens,...; mas isto está escrito *dentro de um conjunto*: Deus e os irmãos e as irmãs dão, essencialmente, as coordenadas à existência cristã individual. Paulo, autor dos primeiros escritos neotestamentários, afirma, em vários momentos de suas cartas, que *a relação com o outro* é essencial para a existência cristã.

O *grande Outro* é Cristo Jesus (2 Cor 5,15: "*E ele morreu por todos, para que, os que vivem, não vivam mais para si, mas para aquele que, por eles, morreu e ressuscitou*"). Na pessoa de Jesus Cristo, "se cumpre" a relação de Deus Pai com a humanidade. Esse *Outro*, que é Jesus Cristo, é, fundamentalmente, a fonte da existência cristã (cf. Rm 5,10; 8,31-39). Cristo é, a tal ponto, o *Outro*, em cuja comunhão se vive toda a existência cristã, que esta pode, perfeitamente, ser descrita como *a vida de Cristo no crente* (cf. Gal 2,19-20; 6,17; 2Cor 4,10; Fl 1,21; Col 1,24; 3,3).

> Portanto, a vida cristã é em sua própria fonte radicalmente, a negação absoluta de toda autossuficiência, de todo autocentramento. A relação com o outro, portanto, é intrínseca à existência cristã: sem isso, não

[111] Cf. *ibidem*. P. 13-15.

> há comunhão com Cristo. Assim, comunhão não é absorção nem uniformidade (1 Cor 1,9-10).

Fiel é Deus, por quem fostes chamados à comunhão de seu Filho Jesus Cristo, nosso Senhor. Rogo-vos, irmãos, em nome de nosso Senhor Jesus Cristo, que todos estejais em pleno acordo, e que não haja entre vós divisões. Vivei em boa harmonia, no mesmo espírito e no mesmo sentimento. A relação com Cristo é, então, inseparável da relação *com os outros*: *o* Outro – Jesus Cristo – implica *os* outros.

A segunda assertiva

A segunda assertiva é a relação que a Igreja tem com a *Trindade*. A *comunhão* da Igreja se inicia nas relações intra-trinitárias: nasce nas relações de comunhão da Trindade, se encaminha para ela e a tem como modelo pragmático e paradigmático.

> A comunhão da Santíssima Trindade é a fonte e o critério da verdade de toda relação (cf. 1 Jo 3,19-24).

Esta comunhão é vivida na oração, sobretudo, na Eucaristia (cf. Mt 5,23-24)"[112]. O Pai envia em missão o *Verbo* e o *Espírito* e subsiste uma *comunhão* entre ambas as missões. "*Na liturgia da Igreja, a bênção divina é plenamente revelada e comunicada: o Pai é reconhecido e adorado como a fonte e o fim de todas as bênçãos da criação e da salvação; em seu Verbo, encarnado, morto e ressuscitado por nós, ele nos cumula com suas bênçãos, e por meio dele derrama em nossos corações o dom que contém todos os dons: o Espírito Santo*"[113].

---

[112] CATECISMO DA IGREJA CATÓLICA, nº. 2845.

[113] *Ibidem*, nº. 1082.

Como fundamenta o *Catecismo da Igreja Católica*, no nº. 1083, ao falar da resposta litúrgica de toda a assembleia cristã ao Deus Trino e Uno:

> Por um lado, a Igreja, unida a seu Senhor e 'sob a ação do Espírito Santo' (cf. Lc 10,21), bendiz o Pai 'por seu dom inefável' (2 Cor 9,15) mediante a adoração, o louvor e a ação de graças. Por outro lado, e até à consumação do projeto de Deus, a Igreja não cessa de oferecer ao Pai 'a oferenda de seus próprios dons' e de implorar que Ele envie o Espírito Santo sobre a oferta, sobre si mesma, sobre os fiéis e sobre o mundo inteiro, a fim de que, pela comunhão com a morte e a ressurreição de Cristo-Sacerdote e pelo poder do Espírito, estas bênçãos divinas produzam frutos de vida 'para louvor e glória de sua graça' (Ef 1,6).

A terceira assertiva

Essa nos fala da comunhão entre o Cristo e o *Espírito*. Em São Paulo, se encontram, geralmente interligadas, as expressões "*em Cristo*" e "*no Espírito*"[114]. Um remete ao outro. Isto é, ao cristão que não pode estar "*em Cristo*" sem estar "*no Espírito*".

> O Cristo dá o Espírito (Gal 3,13-14: *Cristo remiu-nos da maldição da lei, fazendo-se por nós maldição, pois está escrito: Maldito todo aquele que é suspenso no madeiro {Dt 21,23}. Assim, a bênção de Abraão se estende aos gentios, em Cristo Jesus, e pela fé recebemos o Espírito prometido*; e, o Espírito, está associado estreitamente à exaltação e ressurreição do Senhor Jesus, o Cristo (cf. Rm 1,4). Portanto, é através do Espírito que os cristãos passam a viver "em Cristo". A fé nas-

[114] Cf. TILLARD, Jean-Marie R. Carne de la Iglesia, Carne de Cristo, op. cit., p. 102

> ce "do Espírito" (cf. 1Cor 12,3), d'Ele vem a vida segundo Deus (cf. Gal 5,16-25) em resposta à força do Evangelho (cf. 1Tes 1,5), de onde provêm os dons nos quais se desenvolve a vida nova dos batizados e das comunidades (cf. 1Cor 12,4-30).

Dessas afirmações brota a oração (cf. Rm 8,15-16); de Cristo vem a liberdade de filhos de Deus (cf. Rm 8,12-16) e a ressurreição (cf. Rm 8,11) e, por Ele, se realiza a nossa filiação adotiva (cf. Rm 8,15). É raro São Paulo mencionar o Espírito com os títulos de "*Espírito de Cristo*" (cf. Rm 8,9), ou "*Espírito do Filho*" (cf. Gal 4,6). Geralmente, O chama de "*Espírito de Deus*" (cf. Rm 8,9.11.14). Ele usa a expressão "*Espírito de Deus*", porque é único e indivisível, é Espírito *do Pai e do Filho* ao mesmo tempo.

O Espírito de Deus habita, *ao mesmo tempo,* o Cristo e cada um dos cristãos e cada uma das cristãs. Deus faz *de todos* uma *comunhão no mesmo Espírito* (cf. 2Cor 13,13). A *comunhão* dos filhos e filhas de Deus, reunidos *em Cristo,* se salvam pela obra *do Cristo* (2 Cor 5,19 *Deus que reconciliou o mundo).* O agente dessa *comunhão* em Cristo é o Espírito de Deus.

A quarta assertiva

Essa afirmação positiva podemos extraí-la da realidade da *comunhão* que a Igreja é e celebra na Eucaristia, pois é de chave antropológica. O Verbo do Deus cristão assumiu, no homem Jesus de Nazaré, um corpo humano, isto é, o que conhecemos como *encarnação:*

> O Verbo se fez carne (...), o que era desde o princípio, o que ouvimos, o que vimos com os nossos olhos, o que contemplamos e o que nossas mãos apalparam do Verbo da Vida – porque a Vida se manifestou (...), nós vos anunciamos (1Jo 1,1-3).

Na encarnação foi suprimida a diferença na relação entre Deus e o ser humano. Essa é a mensagem propriamente dita da salvação, solenemente celebrada na Eucaristia, na união do corpo de Deus e do ser humano na Santa Ceia. A religião cristã é fundada na ressurreição e na encarnação, atribuindo, assim, um grande valor ao *corpo,* determinante para a salvação e na relação com Deus. A Eucaristia encontra-se, exatamente, entre o corpo encarnado do Filho na pessoa humana de Jesus e a comunidade-Igreja, feita Corpo de Cristo, animado pelo Espírito Santo.

Na linha da reflexão da importância cristã dada ao corpo, basta lembrar por exemplo[115], além das assertivas relatadas acima, as exortações paulinas:

> ... para glorificar a Deus em nossos corpos (1Cor 6,20; Fl 1,20) e a oferecer nossos corpos como hóstias vivas, santas, agradáveis a Deus (Rm 12,1).

Basta lembrar a fé na ressurreição da carne, a concepção dos sacramentos como sinais e vias sensíveis da graça e da salvação, a transmissão do pecado original, o papel que os exercícios espirituais de São Domingos e Santo Inácio atribuem ao corpo no convite e na expressão da experiência espiritual, incluindo o dogma da Assunção da Virgem Maria em corpo e alma no céu.

É comum, também, encontrarmos no cristianismo alguns rasgos de dualismo que propõem, entre outros, o domínio do espírito sobre o corpo; a mortificação da carne para o fortalecimento do espírito e expiação dos pecados; identificação do corpo com a paixão, o prazer e o pecado;

---

[115] Cf. NADEAU, Jean-Guy. "Dicotomia ou união da alma e do corpo? As origens da ambivalência do cristianismo em relação ao corpo". *In: Concilium.* Revista Internacional de Teologia. 295 - 2002/2. Editora Vozes. P. 63[199]-. P. 63[199]-64[200].

perversão na relação com o corpo da mulher. A encarnação do Verbo em Jesus afirma que o divino se inscreve na história humana de uma maneira bem particular, "carnal" e "pessoal".

Portanto, na história humana, pela inserção do Corpo salvador de Jesus nela emerge o corpo humano salvo. A ação salutar de Jesus vem de seu corpo: corpo de palavra, corpo de agir e de tocar, corpo frágil e, ao mesmo tempo de poder, corpo crucificado e ressuscitado.

Por sua vez, a salvação que vem através da pessoa, da palavra e da ação de Jesus, atinge os corpos dos que se abrem à salvação proposta, trazida e realizada por ele. Jesus salva, manifesta e ensina a salvação através de gestos significativos que dizem respeito ao corpo, como por exemplo: salvar é *manifestar* a presença de Deus curando o corpo, o coração e o espírito, ou seja, a pessoa toda.

A pessoa histórica de Jesus já não está mais entre nós, a fé cristã nos afirma que realizamos esta presença no encontro com os outros e na Eucaristia. O cristão não pode separar o amor de Deus da solicitude pela pessoa do próximo, feita de carne e osso.

2. Os Maiores Sacramentos

Na realidade sacramental que a Igreja é, o *Batismo* e a *Eucaristia* são, na fé e na doutrina quanto na prática cristã, os *maiores Sacramentos*[116]. A *condição batismal,* o *primeiro Sacramento* garante a entrada e a participação na comunhão eclesial. Quanto à *Eucaristia,* os textos bíblicos oferecem uma *plenitude de sentido* em (cf. Jo 6,57)[117], pois, é na Eucaristia que recebemos o Cristo sob

---

[116] Cf. CONGAR, Yves. *Introdução ao Mistério da Igreja*. Editora Herder. 1966. P. 27-28.

[117] Cf. *idem*. *Introdução ao Mistério da Igreja, op. cit*. P. 88-89.

forma de alimento: nós nos unimos com o Cristo, numa união semelhante àquela que se realiza entre o ser vivo e seu alimento.

O Sacramento do Batismo

O batismo é feito *pessoalmente,* ninguém é batizado *no lugar* de alguém, subsiste *enraizado* na *abertura ao todo,* à comunidade. O Batismo, portanto, é inseparável da Eucaristia e vice-versa, como nos recorda o *Catecismo da Igreja Católica,* no nº. 1392:

> A comunhão da Carne de Cristo ressuscitado, 'vivificado pelo Espírito Santo e vivificante' (PO 5), conserva, aumenta e renova a vida da graça recebida no Batismo. Este crescimento da vida cristã precisa ser alimentado pela Comunhão Eucarística, pão da nossa peregrinação, até o momento da morte, quando nos será dado como viático". Ou, no nº. 1396: "A comunhão renova, fortalece, aprofunda esta incorporação à Igreja, realizada já pelo Batismo. No Batismo, fomos chamados a constituir um só corpo (cf. 1 Cor 12,13).

O Espírito, *princípio de unidade da Igreja,* supõe uma *primeira comunhão*, que é a unidade do *assentimento a estar juntos* e do caminho feito neste sentido[118]. Ao falar da Igreja *Santo Agostinho* emprega os nomes de *fraterna caritas, caritas unitatis* do oposto ao espírito particularista, sectário, cismático[119].

Assim, por um lado, é preciso *estar no Corpo de Cristo* para ter o *Espírito de Cristo* e, por outro, somente se tem o

---

[118] Cf. *idem. El Espíritu Santo,* Sección de Teología y Filosofia. Barcelona: Editorial Herder. 19912. P. 219.

[119] Cf. *idem.* «Pax chez S. Augustin». *In: oeuvres de S. Augustin. Traités antidonatistes,* I. DDB. 1963. P. 711s. *Apud ibidem.*

Espírito de Cristo e vive-se *verdadeiramente dele*, quando *se está no Corpo de Cristo*! Para *Yves Congar*, isto é decisivo: não é que há um só Espírito porque há um só Corpo de Cristo, mas *pelo contrário*, há um só Corpo de Cristo porque há um só Espírito que é o de Cristo, como diz *Orígenes*: *Somente pode encontrar-se o Filho de Deus na comunidade dos fiéis, já que ele vive somente em meio dos que estão unidos*[120].

O batismo é feito *num só Espírito*, exatamente para formarmos *um só Corpo* (cf. 1 Cor 12,13), como foi lembrado acima com o Catecismo da Igreja. O batismo *dispõe* a paixão e a ressurreição de Jesus em *benefício atual e eficaz* do cristão; envolve-o expressamente no gesto salvífico de Cristo e faz atingir no cristão *o fruto de reconciliação e de vida* que a paixão alcança, quer dizer: a *comunhão com a Santíssima Trindade*, o Mistério Inefável.

Pelo *batismo* já é adquirida a *incorporação ao Cristo*, que "entranha" a participação de *todos os batizados* em suas três funções de sacerdote, profeta e rei[121]. O Espírito *atua* para fazer o crente entrar no corpo, que é a Igreja de Cristo, e *neste* recebe-se o dom: "Todos fomos batizados em um só Espírito para formar um só corpo" (1 Cor 12,13) ou, o Espírito foi dado à comunidade na qual o indivíduo é recebido pelo batismo[122].

---

[120] Cf. AGOSTINHO. *Epist.*, 185, 9, 42 e 11, 50 (PL 33, 811 e 815). *Idem. In Ioan.*, tr. XXVI, 6, 13 (35, 1612-1613); tr. XXVII, 6, 6 (PL 35, 1618), etc. *Apud ibidem.* P. 219, inclusive notas 7 e 8.

[121] Cf. AA nn. 2, 2 e 10, LG nº 31, 10s e PO nº 2,1 (embora estes dois últimos prefiram a ordem inspirada por Mt 28,18-19: profeta, sacerdote e rei). *Apud idem. À mes frères.* Collection Foi Vivante, 71. Paris. Les Éditions du Cerf. 1968. P. 55-56.

[122] BULTMANN, R. *Theologie des Neuen Testaments.* Tubinga. 1961. P. 162-163. Cf. MÖHLER, J. A. *L'unité dans l'Église d'après les Pères des trios premiers siècles.* Paris. 1937. NAUTIN, P. *Je crois à l'Esprit Saint dans la sainte Église.* Paris. 1947. Cf. JASCHKE, H. J. *Der Heilige Geist im Bekenntnis der Kirche. Eine Studie zur Pneumatologiedes Irenäus von Lyon.* Munster. 1976. P. 265-279. *Apud* CONGAR, Yves. *El Espíritu Santo, op. cit.* P. 219.

O batismo cristão é realizado em nome da Trindade, no seio do Corpo-Igreja, onde os batizados formam uma só unidade. Cristo *concede uma dignidade igual a todos aqueles que observam seus mandamentos*: todos possuem igual dignidade, filhos da eleição e da ciência; iluminados, se tornam luz para o mundo e fonte de dom para toda a humanidade; todos os batizados recebem, também, seus dons, cada qual segundo sua dignidade: um recebe o espírito de inteligência, o outro de conselho, este de força, aquele de cura; um, o espírito de presciência, outro o espírito de ensinamento, aquele outro ainda o do temor de Deus.

O Sacramento da Eucaristia

Enquanto na ordem física, o ser vivo assimila o alimento e incorpora-o a si em sua unidade substancial, na Eucaristia, *o poder de assimilação está no Cristo*, e é Ele que, alimentando-nos, nos une e nos incorpora à sua vida. O Cristo Vivo eucarístico quer estabelecer entre nós e Ele, da maneira mais formal possível, a *união* que existe entre Ele e o Pai, isto é, feito, especialmente pela Eucaristia.

Entretanto, não podemos comungar dissociados e *sem* nossos irmãos e irmãs: comungamos com o verdadeiro Corpo do Senhor comungando *ao mesmo tempo* com seu Corpo Místico, a Igreja[123]. A *fração do pão* comporta *inseparavelmente,* a presença do Senhor que nos une a Ele e *à multidão que faz parte de sua redenção* (cf. 1 Cor 10,17). Somos *um só Corpo* porque há *um só pão* (cf. 1Cor 10,16-17). É *por meio dele* que a vida do Cristo se *apodera* de nós. Os dois primeiros sacramentos são o *meio* pelo qual se realiza a *unidade* da mediação do Cristo.

Deste modo, a Eucaristia *não renova* o sacrifício do Cristo e *não constitui* em todo rigor um novo gesto a

---

[123] Cf. *ibidem*. P. 89-90; 25-27.

respeito da cruz, mas ela *representa* e *torna presente* o Cristo oferecido: atualizando o sacrifício de Cristo, seja onde for e onde houver cristãos, plenifica-se a Igreja Povo em que o Vaticano II afirma na Constituição *Lumen gentium* que onde houver dois ou três reunidos em meu eu estarei no meio deles. Tal união de cada um de nós e de todos os que creem se dá pela eucaristia do Cristo vivo que se doa por todos.

3. A questão paulina da "carne"

A categoria "carne" ocupa um lugar muito interessante na antropologia do Apóstolo Paulo[124]. Ele usa "carne" como linguagem figurada em algumas passagens como, por exemplo, em Rm 7,14ss, com esta afirmação:

> Sabemos que a Lei é espiritual; mas eu sou carnal, vendido como escravo ao pecado. (...) Eu sei que o bem não mora em mim, isto é, na minha carne. Pois querer o bem está ao meu alcance, não porém o praticá-lo. Com efeito, não faço o bem que eu quero, mas pratico o mal que não quero. Eu me comprazo na lei de Deus segundo o homem interior; mas percebo outra lei em meus membros que peleja contra a lei da minha razão e que me acorrenta à lei do pecado, a qual existe em meus membros. Infeliz de mim! Quem me libertará deste corpo de morte?

Na citação acima e em outras, como em Rm 6,19s, por exemplo, a intenção de Paulo é dizer que a "carne" não é capaz de compreender ou de exprimir as coisas de Deus: "viver na carne" ou sob a letra da lei é o estado em que nos

[124] Cf. SEGUNDO, Juan Luis. *Le Christianisme de Paul.* L´histoire retrouvée. Cogitatio Fidei. Les Éditions Du Cerf. Latour-Maubourg, Paris. 1988. P. 215-226.

encontramos "antes" de uma ação divina em nossos corações; quando, "agora", vivemos sob o Espírito, esse momento se caracteriza pela intervenção divina do Espírito Santo, a fim de que a palavra ou a lei divina possa ser cumprida em nosso "espírito". Assim, para Paulo, "carne" e "espírito" se opõem, tanto quanto "criatura" e "Deus".

São Paulo sabe que, desde a época do exílio, a palavra "carne" passou a ter essa conotação para o povo de Israel: "carne" significa "criatura", foi uma criação semântica de um termo que fosse correlativo, para designar tudo o que *não é* Deus Criador[125]. "Carne" portanto, designa o ser criado em *sua totalidade*. Não significa, como em algumas línguas modernas, uma "parte" do ser que, para Paulo, significa "corpo", em oposição à outra parte do ser, conhecida como "alma" ou "espírito".

Portanto, o adjetivo "carnal" não suscita em Paulo ecos de "baixos instintos", "sensualidade", mas a nossa condição de criaturas que devem estar voltadas para Deus, por chamado do próprio Senhor da Vida verdadeira e imortal.

Tal concepção de "carne" descrita brevemente acima é típica da cultura ocidental, que tende a dividir o ser humano em uma "parte superior" e outra "inferior". Paulo atribui à "carne" pecados como idolatria, discórdia, divisões, dissensões, entre outros. Numa linguagem do ocidente, seriam "pecados espirituais" e não "carnais".

Assim, no Antigo Testamento e também para São Paulo, o ser humano não é dividido em "partes": o Espírito = *sopro* de YHWH é que faz existir ou viver a criatura, sem o sopro ou Espírito de Deus, não é possível existir vida na criatura "carnal"[126]. Paulo sabe que os gregos não conhecem essa concepção da Palavra "carne", tão familiar na linguagem semita, e por isso vai usar o termo "corpo" como sinônimo de *"carne"*.

---

[125] Cf. *ibidem*.

[126] Cf. *ibidem*.

De qualquer forma ao fazer tal afirmação São Paulo oferece aos gregos um emprego inédito para a palavra "corpo"! Em Rm 7,24-25 e 8,3-9 Paulo vai usar, sucessivamente, as duas palavras: "corpo" e em seguida "carne" com o mesmo significado.

Sempre em todas as passagens a palavra "corpo" usada por São Paulo não significa "uma parte" do ser humano: refere-se ao ser humano inteiro, em sua condição de criatura ligada ao desejo, ao pecado e à morte. Não significa, para ele, o "cristão", o "batizado", mas o ser humano "carnal", quer dizer, o ser humano "criatura".

O Espírito de Deus age no humano através da lei do amor, que Paulo vai chamar de "espírito da lei", ou "lei espiritual"; entretanto, o ser humano também é vítima de outra "lei", que parece residir em sua condição de "ser criado", em seu ser "de carne". Portanto, são "carnais", ou seja, "criaturas", submetidas à "lei espiritual" do Espírito, como também à "lei da carne", todos os seres, como todo pagão, todo judeu, todo cristão, todo ateu, enfim, todo ser humano.

Afirma-se que para São Paulo o ser humano é *dividido,* vive sob *dois mecanismos, "leis" opostos* como explica em Rm 7,21-23, na interpretação do autor em, pé de página:

> Verifico pois, esta lei: "quando eu quero fazer o bem, é o mal que se me apresenta. Eu me comprazo na lei de Deus segundo o homem interior; mas percebo outra lei em meus membros que peleja contra a lei da minha razão e que me acorrenta à lei do pecado, que existe em meus membros". Ele emprega diversos termos para mostrar essa oposição na condição humana, como também a causa dessa oposição[127].

[127] Cf. *ibidem.*

Primeiramente, existe um "eu" e um "outro" que habitam dentro do ser humano (cf. Rm 7,17ss);

- uma segunda oposição é aquela entre o "querer" e o "praticar" (cf. Rm 7,15.16.);

- uma terceira é aquela entre a "lei espiritual", o "bem", de um lado, e, de outro, o "mal", o "pecado" (cf. Rm 7,14).

A primeira oposição se dá entre *sujeito e sujeito*; a segunda, entre *verbo e verbo*; e, a terceira, entre *complemento direto e complemento direto.* Na primeira oposição o "eu" é o proprietário de si e o "outro", um locatário.

A segunda oposição, aquela dos verbos, mostra fases ou aspectos ao mesmo tempo diferentes e necessários: o "eu" é o do "querer" e do "decidir" e o "outro" domina os processos de "realização" ou o "colocar em prática". Essas duas fases são necessárias em qualquer projeto humano, mas não é esse aspecto que Paulo quer destacar: como na primeira oposição, nessa segunda, aparece também a relação "interior" e "exterior", que existe na primeira relação "eu" e "o outro".

Segundo Paulo, a terceira oposição é a mais revolucionária: o "eu", livre para decidir projetos, se decide a respeitar ao "espírito da lei", a "lei espiritual", aquela do amor. Depois que Deus derramou no coração humano o amor que procede d'Ele, o "coração" do ser humano reproduz esse amor nos projetos que ele deseja, enquanto o "outro" dentro do ser humano deseja o mal e o pecado (cf. Rm 7, 19ss).

Para Paulo, o ser humano realmente livre é aquele que pode realizar seus projetos, é aquele que faz o que ele quer. O pecado, o mal, o egoísmo, não o faz livre: ele é o resultado de uma livre perda da liberdade. Possui a extraordinária capacidade de "trapaça" e por isso mesmo de "alienação" e, finalmente, de "escravidão". Ele necessita que o ser humano "carnal" seja muito pequeno diante de sua própria liberdade.

4. A questão antropológica do "corpo"

Não é de hoje que a humanidade ocidental pelo menos busca o ideal do corpo perfeito. Na *Biomedicina* por exemplo, a performance gira no sentido da busca do *controle* sobre o corpo e suas funções e a *conformação* ativa dos processos corporais, a nível molecular-biológico ou genético ou também a nível orgânico ou fisionômico[128]. Uma desconfiança é a de que essa busca é revelação de uma obsessiva recusa da finitude do ser humano.

O corpo gravemente incapacitado como uma criança desafia tanto as ideias naturais de saúde quanto as de beleza; o corpo doente ou envelhecido contradiz o ideal de juventude de uma cultura corporal... Outro fato de nossa atual realidade ocidental é os cientistas desmaterializarem o corpo: reduzem o corpo à materialidade do material, não veem o corpo no seu verdadeiro sentido antropológico.

Além dos aspectos fisiológico e biopolítico, outro fato se dá no campo da informação e da comunicação: no *ciberespaço* e no campo da mídia[129]. Nessa forma de pensar o corpo, podem-se descobrir vários fatores. Um dos principais é a verificação de uma perda de orientação oriunda de uma compreensão tecnicista do mundo e do corpo.

Dentro desse conceito, dá-se, então, a "perda do corpo", analogicamente à "perda dos laços culturais" e à "perda dos valores", pois, o corpo não é de forma alguma uma estrutura apenas fisiológica, e não podemos sempre estabelecer uma relação neutra com o corpo.

O corpo é o único objeto do mundo que nós humanos podemos conduzir diretamente pela *consciência*. É através

---

[128] Cf. HAKER, Hille. "O Corpo Perfeito: as Utopias da Biomedicina". *In: Concilium.* Revista Internacional de Teologia. 295 - 2002/2. Editora Vozes. P. 8[144]-18[154].

[129] Cf. WIEGERLING, Klaus. "O Corpo Supérfluo - Utopias das Tecnologias de Informação e Comunicação". *In: Concilium, ob. Cit.* P. 19[155]-30[166].

do corpo que nos comunicamos com o mundo e ao mesmo tempo nosso corpo é parte do mundo: por meio de nossos corpos, somos parte de um mundo comum.

Em contraposição aos corpos inanimados, o corpo se distingue por suas capacidades de autorreferência como, por exemplo, a *sensitividade* ou a capacidade de *sentir,* condição para todo e qualquer conhecimento como, também, representa o limite do conhecimento, visto que todo conhecimento que se possa considerar como objetivo, tem que se restringir às condições dos sentidos.

Deste modo, a capacidade para o *sentir* é o órgão para o contingente e o subjetivo. Por sua vez, o órgão para o universal e o objetivo é a capacidade de *raciocinar*: o corpo não apenas leva *ao* mundo como também ele leva para *fora* do mundo.

O corpo é expressão de uma *individualidade*: é através do corpo que assumimos um lugar concreto no espaço e no tempo do mundo; o corpo também *nos orienta*: por ele nos aproximamos ou nos distanciamos de outros corpos. O corpo é uma entidade *psicofísica,* isto é, disposto não apenas geneticamente, mas também culturalmente.

Desde o século XIX, os biólogos *Hering* e *Semon* desenvolveram a "teoria do *mneme*", segundo a qual a memória não pode ser reduzida unicamente à consciência, mas já é uma qualidade básica da matéria orgânica[130]. Ou seja: todo ser vivo possui uma história, que o distingue da matéria morta - as impressões se conservam, mesmo quando sua causa deixou de existir; todo estímulo deixa um vestígio fisiológico (*engrama*).

Assim sendo, nenhuma reação depende *apenas* do estado atual do corpo, mas, sim, do *conjunto* de todas as

---

[130] Cf. HERING, Ewald, *Über das Gedächtnis als allgemeine Funktion der organischen Materie.* Viena. 1876. SEMON, Richard. *Die Mneme.* Leipzig. 1904. *Apud ibidem,* p. 22[158].

ações que foram, no passado, exercidas sobre ele. Entretanto, o ambiente de onde provêm os estímulos difere de época para época e de região para região. O corpo, ele próprio, é a *primeira expressão da cultura.* O corpo funciona como um limite entre o *mediato* e o *imediato*: ele está ao mesmo tempo ligado diretamente à psique, aos hábitos e ao meio.

Merleau-Ponty considera as capacidades corporais como expressão do "ser-para-o-mundo" do corpo, transcendendo as capacidades corporais atuais: ter um corpo significa identificar-se com determinados propósitos e engajar-se neles constantemente[131].

A relação com o corpo determina muitas formas de vida: ascese e repressão dos instintos, regras e ritos, entre outras. Na comunidade de comunhão ocorre uma *participação direta* através do corpo e da corporalidade: a proximidade é produzida pelo contato corporal.

Desde os primórdios da humanidade, a ideia original da *communio* é a de corpos unidos mutuamente de uma comunidade ligada pelo sangue. Inicialmente, nas mais antigas formas de expressão, a *apresentação pictórica* proporcionou a primeira grande modificação das ideias; a *escrita* trouxe outra modificação: em lugar da comunhão, baseada sobre o intercâmbio corporal direto, a escrita é que passa a fazer esse papel nas culturas dominadas pela escrita, as ideias corporais se tornaram mais abstratas.

Nos contextos religiosos, os corpos se tornaram personificações simbólicas; surge um "corpo especial", posto entre a comunhão e a comunicação: trata-se da "irradiação do corpo de Deus", tornando possível o cruzamento entre *matéria e espírito*, *carne e palavra*.

---

[131] Cf. MERLEAU-PONTY, Maurice. *Phänomenologie der Wahrnehmung.* Berlim. 1966. P. 106. *Apud ibidem*, p. 23[159] -24[160].

A escrita, portanto, provocou um distanciamento entre o mundo visível e o corpo: o meio da escrita abrange, também, e, sobretudo, coisas *estruturais*, que se encontram abaixo da superfície visível. O final do século XIX e o século XX foram marcados pelo progresso da mídia e pelas representações fotográficas e cinematográficas ocorrendo, de um lado, uma naturalização do corpo e, de outro, uma padronização mais intensa.

Modelos e atores de cinema, substituídos cada vez mais rapidamente, passaram a ser as matrizes da moda, tendendo a ocorrer uma superficialização, a uma personificação do corporal. O corpo passou a ser um objeto de moldagem, formatação e configuração, nas mãos de cirurgiões e treinadores.

O corpo passou assim de objeto a ser usado para a competitividade e sobrevivência ou transcendente em práticas religiosas para formas de estilização (*body styling*): o ser humano foi expulso de seu próprio corpo! Por fim, surgem as codificações informáticas: nos jogos de computador, por exemplo, os corpos são moldados segundo medidas ideais. O "cyborg" é, portanto, o símbolo da sociedade midiática, que distancia, lentamente, as pessoas de seus corpos.

A nossa sociedade atual é muito marcada pela consciência do corpo como expressão de nossa fragilidade humana e das limitações de nosso querer. É um desejo de nossa cultura, muitas vezes, libertá-lo dessa condição "criatural": queremos ser anjos, sem corpo e sem dor.

Os sonhos digitais de nosso tempo atual transferem a realidade dos corpos para o ambiente "virtual" - mas não o eliminam; também não existe "ética" no "ciberespaço": o indivíduo pode entrar e sair sem consequências para sua vida, nem para as dos outros jogadores –, no mundo cibernético, existem falhas e violações das regras, mas não culpa e pecado.

As características estruturais do virtual na internet, portanto, são a *deslocalização, destemporalização* e a *descorporificação.* A superação do corporal nada mais é do que a superação do próprio ser humano, a fuga para a não história e, assim, uma expressão do autoesquecimento.

5. A questão eclesiológica de "corpo" segundo *Yves Congar*[132]

Tendo conhecimento das questões que Paulo levanta, referentes à "carne" e à antropologia do "corpo", nos perguntamos como entender o "corpo" que a Igreja é. O autor *Yves Congar* destaca que o "corpo" de Cristo, de que fala São Paulo, é uma realidade visível porém, não se trata de um corpo físico, material[133]. As pessoas batizadas se unem ao corpo glorioso de Cristo, totalmente penetrado pelo Espírito (cf. Rm 1,4). Através da fé viva, do batismo e do pão e do vinho da última ceia, os batizados e as batizadas convertem-se realmente, de maneira espiritual, em membros de Cristo.

Portanto, o corpo de Cristo que os fiéis formam exige ser construído (cf. 1 Cor 3,9; Ef 2,20; 4,12); e, aqui, o que é construído é "uma morada de Deus pelo Espírito" (Ef 2,22).

---

[132] Wikipédia, a enciclopédia livre. Entrada em 08/06/20202. Dominicano. Esteve preso de 1940 a 1945 nos campos de concentração. Foi fundador e diretor da coleção Unam Sanctam, e professor de teologia na faculdade de Le Saulchoir. Foi um sólido eclesiólogo, aberto ao ecumenismo e à reforma da Igreja, precursor e consultor do Concílio Vaticano II. Entre suas obras, cabe destacar "Verdadeira e falsa reforma da Igreja" (1950), "Jalones para una teología del laicado" (1954), "Cristãos em diálogo" (1964), "Tradição e tradições" (1961-1963) e "O Espírito Santo" (1980). Foi elevado à dignidade cardinalícia por João Paulo II, em 30 de outubro de 994, recebendo o barrete de cardeal, em 8 de dezembro do mesmo ano. Faleceu em 1995.

[133] Cf. CONGAR, Yves. El Espíritu Santo, op. cit, p. 59.

São Clemente, aproximadamente no ano 210, chama a Igreja de "coração espiritual e santo", um "corpo espiritual" *(soma pneumatikon)*, um só espírito com o Senhor e um "corpo espiritual"[134].

O autor *Yves Congar* nos relata que, aproximadamente no ano 1160, a consideração de "Corpo místico", a qual se converterá em equivalente sinônimo de "Igreja", é marcadamente pneumatológica: se forma o Corpo de Cristo, que é a Igreja pelo Espírito Santo: Ele é quem forma o corpo, do qual Cristo é a cabeça.

Dentro dessa concepção, a pneumatologia pervade todo o corpo de Cristo: corpo natural e pessoal do homem de Nazaré, corpo sacramental e corpo eclesial o Espírito é o laço nesta tríplice realidade. Poderíamos visualizar assim a afirmação de Congar:

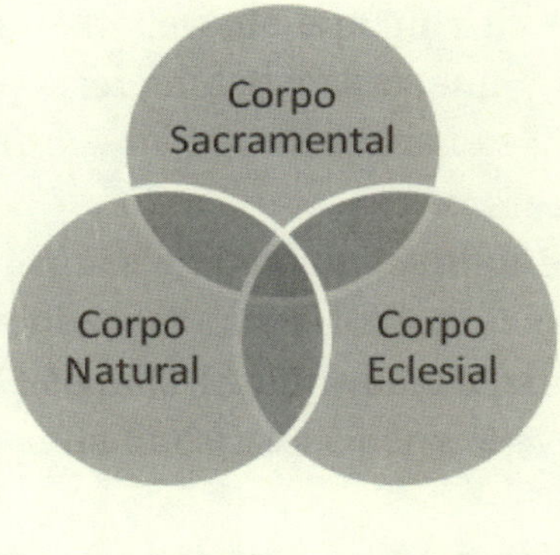

O Espírito Santo atua, *único e idêntico*, em cada um destes "três corpos": Ele é *princípio de santificação do humano Jesus* (cf. Lc 1,35), *Corpo natural* ou pessoal; Ele transubstancializa os dons do pão e do vinho na Eucaristia, *Corpo sacramental*; e une os fiéis que fazem a Igreja, *Corpo eclesial*. O terceiro corpo, o eclesial, está

[134] Cf. *Stromata*. VII, 14 (PG 9,522; Stählin, p. 62). *Apud ibidem*, p. 98.

unido ao primeiro, por meio do segundo, o eucarístico, e que assim o é pelo "*Spiritu Sancto consecrante*"[135].

Graças ao Espírito podemos falar "dos três corpos" como de *um só corpo*, do qual o Ele é o *princípio de unidade.* Se, por um lado, o Cristo é a Cabeça de seu corpo, a Igreja, o Espírito é sua alma, afirmação contundente do *Papa Leão XIII*, *Divinum illud,* de 1897 e citada pela encíclica *Mystici Corporis,* de 1943. *Santo Agostinho* afirma que o que a alma faz no corpo, o Espírito Santo o realiza na Igreja; já o papa afirma em sua encíclica que o Espírito *é* a alma da Igreja, da qual Cristo é a Cabeça. O enunciado de *Agostinho,* segundo Congar, é *funcional* e não ontológico; o Vaticano II compreendeu-o perfeitamente e teve o cuidado de atribuir a comparação aos *Padres*[136].

Quando Congar afirma que a Igreja é, *essencialmente,* sacramental, destaca que essa sacramentalidade não se refere somente aos meios sensíveis inanimados (= sacramentos-coisas), que o Cristo emprega para realizar seu Corpo místico; são, também, *meios sensíveis animados* (= sacramentos-pessoas)[137].

O plano de Cristo é *recapitular,* em Si, para a glória do *Pai,* todo o povo que Ele adquiriu para Si (cf. 1 Pd 2,9), numa obra de *recriação* - invisivelmente, por seu *Espírito,* e também visivelmente, pelos *sacramentos* e pelo *ministério de batizados.*

Nesse sentido e em tal contexto, sentimos a necessidade de falar dos carismas que nascem dos ministérios como irrupção do Espírito, propulsor e animador da Igreja como povo de Deus, bastante evidenciada pelos padres conciliares do Vaticano II.

---

[135] Cf. *Eucharistion seu de Corpore et Sanguine Domini,* c. 1 (PL 172, 1250). *Apud ibidem.*

[136] Cf. LG nº 7 § 7. *AG* nº 4. *Apud ibidem.* P. 184-185.

[137] Cf. *ibidem.* P. 28.

6. Os carismas na Igreja

Em numerosos documentos do Concílio Vaticano II, percebemos a reentrada sensacional dos carismas na eclesiologia[138], isto é, na Igreja constituída pelo povo de Deus. Os carismas são *inatos* na pessoa humana, dados livremente pelo Espírito de Deus; contudo, tais *dons* (ou *carismas*) são dados pelo Espírito para o *serviço* aos outros e ao Cristo: as pessoas são como *ecônomos* ou *administradores* da graça multiforme de Deus (cf. 1 Pedro 4,10).

Sobre a base dos *carismas, todos os batizados* são chamados a exercer, no *apostolado,* sua qualidade de *reis, sacerdotes e profetas*[139]. O Vaticano II fala dos ministérios no plural[140]. Para *Yves Congar*, necessitamos de uma *sã, necessária* e *urgente* desclericalização da ideia que nós temos da Igreja. O termo que, geralmente, no Novo Testamento, exprime a função na comunidade é *diakonia* (= serviço) (cf. Lc 1,2; At 6,4)[141].

As palavras que designam os ministérios particulares referem-se a uma *tarefa* ou uma *atividade,* um serviço assegurado dentro da comunidade; são palavras tiradas do *vocabulário comum,* mas que adquirem profunda densidade se vividas com Cristo, em Cristo e por Cristo. São exemplos de alguns ministérios: *apóstolos, doutores* e *profetas* (cf. 1Cor 12,28), *evangelistas* e *didáscalos* (cf. Ef 4,11), *pastores* (cf. Ef 4,11; 1Pd 5,2ss), *bispos* e *supervisores* (cf. At 20,28; Fl

---

[138] Cf. LG nn. 12 e 30; AA nn. 3, 4; 30,6; PO, nº 9,2. Cf. SCHÜRMANN, H. "Les charismes spirituals". *In:* G. BARAÚNA. *L'Église de Vatican II* ("Unam Sanctam" 51 b), t. I. P. 541-573. *Apud* CONGAR, Y. M.-J. *À mes frères, op. Cit.*, p. 57-58.

[139] Cf. LG nn. 33s. AA nn. 2-3. *Apud ibidem*, p. 172-173.

[140] Cf. SC no. 29. LG nn. 7,7; 33 e 34. PC no. 8,2. AA no. 24,6. AG, nn. 15,9; 17,5; 19,1; 40,3. *Apud ibidem*, p. 173. *Idem.* "Le diaconat dans la théologie des ministères". *Le diacre dans l'Église et le monde d'aujourd'hui. In: Unam Sanctam,* 59. Paris. 1966. P. 121-141.

[141] Cf. *idem. Igreja serva e pobre, op. cit.*, p. 34-35.

1,1), *presbíteros, anciãos* e *velhos, diácono* e *ministro* (mais frequente no sentido geral de servidor; como título de função: cf. Fil 1,1), *higoumène* (= chefe, que está à frente: cf. At 18,22), *proistamenos* (= que preside: cf. Rm 12,8), *ecônomo* (= intendente, gerente: cf. Lc 12,42).

O Novo Testamento, portanto, nos sugere que existia um *pluralismo ministerial.* O Espírito deu ao Corpo de Cristo, que é a Igreja, os ministérios dos quais ela tinha necessidade (cf. At 6,1-6) – *de função* ou *de ação,* dons de serviço suscitados pelo Senhor. Algumas funções são bem definidas, enquanto outras não.

A santidade de uma *teologia dos ministérios* surge, assim, condicionada por uma percepção e uma afirmação preliminares da *ontologia cristã dos fiéis e da comunidade,* em dependência da ação de Deus, de Jesus Cristo e do Espírito Santo[142].

Deve-se considerar os ministérios como uma *estruturação* no interior de uma comunidade cristãmente qualificada e viva – inspirado em *J. Ratzinger* e outros; *Yves Congar* defende que o ministério não é criado na comunidade *de fora* ou *de cima* dela, mas é colocado nela pelo Senhor, para suscitá-la e construí-la[143].

Portanto, os ministérios *emanam* da comunidade: eles *são constituídos pela Igreja, representam* e *personificam* a comunidade. O ministério não é criado pela comunidade: ele é criado *com ela* e *nela,* pelo Espírito Santo[144]. Na ordem dos serviços ou ministérios, cada função é diferente das outras e qualitativamente original[145].

---

[142] Cf. *ibidem*. P. 36-37.

[143] Cf. RATZINGER, J. « Les implications pastorales de la doctrine de la collégialité dês évêques ». *In : Concilium* 1, 1965. P. 33-55. *Apud ibidem*, p. 37.

[144] Cf. E. BETHGE. *Dietrich Bonhöffer. Vie. Pensée. Témoignage.* Gênova e Paris. 1969. P. 393-394. *Apud ibidem*. Nota nº 12.

[145] Cf. *ibidem*. P. 25.

Os ministérios são funções no interior de um *povo*, de uma *comunidade* ou de um *corpo*, que se qualificam *ontologicamente* como *serviço* e *missão*, de mesmo movimento e no mesmo nível de profundidade, onde eles se qualificam como *cristãos*, povo e corpo d'Aquele que é o Enviado e o Servidor[146].

É notável, para Congar, que, nos textos em que *São Paulo* fala da *unidade* e da *vida do corpo*, ele ponha em relação, como *princípios* desta vida, por um lado, a unidade, a *unidade do Espírito*, e, por outro, a *multiplicidade dos ministérios* (cf. 1 Cor 12,12s; Ef 4,4s). O autor não observa *nenhuma* oposição ou contradição entre "carismáticos" e ministros hierárquicos (que, ele lembra, são também carismáticos) – ou seja: a afirmação do papel dos bispos não empalidece em absoluto a via carismática da Igreja[147].

Segundo Congar, essa oposição entre ambas as dimensões carece de base bíblica, histórica e dogmática: nem todos aqueles e aquelas que possuem dons do Espírito são instituídos, mas existem registros de fiéis que foram instituídos e que possuíam tais dons (cf. At 6,3; 16,2; 1 Cor 16,15-16 relacionado com 1 Ts 5,12-13).

Portanto, quanto aos dons do Espírito, a eclesiologia pneumatológica do Concílio Vaticano II conseguiu a grande recuperação dos carismas[148]. Para Congar, isto significa que a Igreja não se constrói unicamente pela via dos meios instituídos, mas, também, pela infinita variedade de dons que cada pessoa tem o direito e a obrigação de exercitá-los na Igreja e no mundo, para o bem da humanidade e da edificação.

---

[146] Cf. *idem*. «La hiérarchie comme service selon le Nouveau Testament et les documents de la Tradition». *In: L'Épiscopat et l'Église universelle* (*US* 39). P. 67-100. *Apud ibidem*, p. 39.

[147] Cf. *idem*. *El Espíritu Santo, op. Cit.*, p. 93.

[148] Cf. LG nn. 4, 7 § 3, 12. AD nn. 4, 23 § 1, 28 § 1. AA nº 3 § 4. *Apud ibidem*. P. 199.

O Espírito Santo sopra onde quer (cf. Jo 3,8) - e, ao mesmo tempo, em comunhão com os irmãos e as irmãs em Cristo, sobretudo com seus pastores[149].

Sobre os pilares destes carismas - exercidos para a construção da Igreja - desenvolveu-se uma nova teologia ou, melhor dizendo, segundo Congar, um exercício dos "ministérios", que confere um rosto novo à Igreja, notavelmente diverso do que apresentava uma eclesiologia piramidal e clerical.

Neste artigo, buscamos usar o *método dedutivo*: partimos da reflexão sobre a Eucaristia e chegamos às diversas consequências antropológicas e eclesiológicas. Foi um ensaio sobre a importância da Eucaristia, como realização e ápice da comunhão, que é a Igreja, Corpo de Cristo, em sua essência.

A Igreja por sua vez, busca viver e busca viver em sua realidade de peregrina, a caminho do Pai, no Espírito. Essa comunhão - que são a Eucaristia e a Igreja - tem sua raiz na comunhão trinitária.

Buscamos usar, nestas reflexões, o "corpo" como chave de leitura, contemplado pela Eucaristia como Corpo de Cristo, base da Igreja, comunhão de irmãos e irmãs em "corpos" unidos pelo Batismo e alimentados pela Eucaristia, no Amor do Espírito.

Apresentamos, em breves reflexões, como cabe aqui num artigo, a concepção paulina de "carne"; as diversas e desafiadoras mudanças de interpretação que nossa sociedade ocidental tem dado ao "corpo"; e a realidade ministerial do "Corpo" de Cristo, que é a Igreja. Esperamos ter alcançado o nosso objetivo.

---

[149] Cf. AA nº 3. *Apud ibidem.*

Conclusão

Neste breve artigo, partimos da reflexão sobre a Eucaristia e chegamos às diversas consequências antropológicas e eclesiológicas. Foi um ensaio sobre a importância da Eucaristia, como realização e ápice da comunhão, que é a Igreja, Corpo de Cristo, em sua essência, e busca viver em sua realidade de peregrina, a caminho do Pai, no Espírito. Essa comunhão – que são a Eucaristia e a Igreja – tem sua raiz na comunhão trinitária.

Buscamos usar, nestas reflexões, o "corpo" como chave de leitura, visto a Eucaristia ser o "Corpo" de Cristo, base da Igreja, que é o "Corpo" de Cristo, comunhão de irmãos e irmãs, em "corpos" unidos pelo Batismo e alimentados pela Eucaristia, no Amor do Espírito.

Apresentamos, em breves reflexões, como cabe aqui, num simples artigo, a concepção paulina de "carne"; as diversas e desafiadoras mudanças de interpretação que nossa sociedade ocidental tem dado ao "corpo"; e a realidade ministerial do "Corpo" de Cristo, que é a Igreja. Esperamos ter alcançado o nosso objetivo.

Bibliografia de referência

TILLARD, Jean-Marie R. *Carne de la Iglesia, Carne de Cristo. En las fuentes de La Eclesiologia de Comunion.* Verdad e Imagen. Salamanca: Ediciones Siguème. 2007.

CONCÍLIO VATICANO II. CONSTITUIÇÃO DOGMÁTICA *Lumen Gentium.* Petrópolis: Vozes, 1970.

CATECISMO DA IGREJA CATÓLICA. Petrópolis: Vozes,2005.

NADEAU, Jean-Guy. "Dicotomia ou união da alma e do corpo? As origens da ambivalência do cristianismo em relação ao corpo". São Paulo: Loyola, 1987.

Concilium. Revista Internacional de Teologia. 295 – 2002/2. Editora Vozes. P. 63[199]-. P. 63[199]-64[200].

CONGAR, Yves. *Introdução ao Mistério da Igreja*. Editora Herder. 1966. P. 27.

AGOSTINHO. *Epist.*, 185, 9, 42 e 11, 50 (PL 33, 811 e 815.

BULTMANN, R. *Theologie des Neuen Testaments.* Tubinga. 1961. P. 162-163.

MÖHLER, J. A. *L'unité dans l'Église d'après les Pères des trios premiers siècles.* Paris. 1937.

NAUTIN, P. *Je crois à l'Esprit Saint dans la sainte Église.* Paris. 1947.

JASCHKE, H. J. *Der Heilige Geist im Bekenntnis der Kirche. Eine Studie zur Pneumatologiedes Irenäus von Lyon.* Munster. 1976.

SEGUNDO, Juan Luis. *Le Christianisme de Paul.* L´histoire retrouvée. Cogitatio Fidei. Les Éditions Du Cerf. Latour-Maubourg, Paris. 1988.

HAKER, Hille. "O Corpo Perfeito: as Utopias da Biomedicina". *In: Concilium.* Revista Internacional de Teologia. 295 - 2002/2. Editora Vozes. P. 8[144]-18[154].

WIEGERLING, Klaus. "O Corpo Supérfluo – Utopias das Tecnologias de Informação e Comunicação".

HERING, Ewald, *Über das Gedächtnis als allgemeine Funktion der organischen Materie.* Viena. 1876. SEMON, Richard. *Die Mneme.* Leipzig. 1904.

MERLEAU-PONTY, Maurice. *Phänomenologie der Wahrnehmung.* Berlim. 1966.

Stromata. VII, 14 (PG 9,522; Stählin, p. 62).

Eucharistion seu de Corpore et Sanguine Domini, c. 1 (PL 172, 1250).

SCHÜRMANN, H. "Les charismes spirituals". *In Stromata.*

BARAÚNA. *L'Église de Vatican II* ("Unam Sanctam" Petrópolis: Vozes, 1970.

RATZINGER, J. « Les implications pastorales de la doctrine de la collégialité dês évêques ». *In : Concilium* 1, 1965. P. 33-55.

E. BETHGE. *Dietrich Bonhöffer. Vie. Pensée. Témoignage.* Gênova e Paris. 1969.

Conclusão geral do trabalho

Da exposição apresentada reafirmamos que a Ceia do Senhor nos une e nos reúne em torno de uma mesma mesa, onde se dá a comunicação, reflexo da comunhão trinitária, e a troca recíproca de valores humanos espirituais que vivemos.

A celebração eucarística, que por séculos era realizada no latim clássico e com o celebrante de costas para o povo, sem nenhuma participação dele nesse evento tão significativo para a fé, passou a ser realizada de frente para o povo e na língua que o povo usava para se comunicar.

Esta celebração não nos desvincula das outras realidades sacramentais do Grande Sacramento que é a Igreja: a Eucaristia "encarna" a Palavra de Deus, atualiza o gesto salvífico de Jesus e nos envia em missão evangelizadora.

Comer é ato biológico fundamental; comer juntos, por sua vez, é ato comunitário, antropológico, afetivo e sacramental. Comer juntos e ao redor de uma mesa congrega, aproxima as pessoas, é ato público e, ao mesmo tempo, de intimidade. Geralmente, encontramos em todas as religiões uma ligação forte entre a comensalidade e o Sagrado, e não foi diferente com o Povo de Israel: rodeado de rituais e festas, louvava frequentemente a Javé, pelo fruto da terra e do trabalho humano: comer o pão, beber o vinho, oferecer um animal, diante de Javé, eram sinais de alegria e ação de graças. A comensalidade, para o Povo de Israel, era sinônimo de alimento, mas também de proteção, alegria, perdão, paz.

Os Sacramentos de Iniciação, Batismo, Crisma e Eucaristia, segundo os Padres, no alvorecer da caminhada da Igreja primitiva são uma *experiência mistagógica*, que vem na linhagem apostólica com os Padres da Igreja.

Temos então a experiência de Cirilo de Jerusalém, seguida na Constitução *Sacrosanctum Concilium*, que busca a adequação e prática da experiência das comunidades primitivas para os dias de hoje.

Fechando o caminho percorrido, apresenta-se um dos grandes teólogos que assessorou o Vaticano II, que foi Yves Congar; leitura indispensável para uma fundamentada interpretação do Grande Sacramento, a Eucaristia, como Memorial do Senhor.

As autoras e o autor

Outros livros da autora publicados pela Letra Capital

Todos os livros estão à venda em: www.letracapital.com.br

Novos Céus e Nova Terra (2020)

No lançamento deste livro na Livraria Vozes, presente também a Letra Capital Editora, a professora Lúcia Pedrosa pronunciou estas belas palavras: "O presente texto de Escatologia cristã nasceu dos cursos ministrados aos alunos e alunas da graduação e pós-graduação de Teologia Sistemático-pastoral da PUC-Rio. Ao mesmo tempo incluiu animadores e animadoras pastorais de centros urbanos e suas periferias, educadores e educadoras na fé, de todo o Brasil, como também grupos de diversas categorias sociais e religiosas.

Por esta razão, o discurso procede de maneira clara e pontual, aberto e organicamente estruturado. Acompanha algumas considerações práticas que podem ajudar na vivência da fé, uma bibliografia de referência para quem deseja aprofundar o assunto, com a finalidade de deixar espaço para reflexões alimentadoras de uma espiritualidade escatológica, a ser resgatada na vida de fé cristã.

As partes estão distribuídas por argumentos específicos, que encontram seu fundamento na Sagrada Escritura, no magistério da Igreja e nas orientações pastorais do Vaticano

II. Estas orientações significaram um forte vento do Espírito para o mundo e a humanidade, na busca do sentido perdido da profundidade da vida e da sua plenitude, a qual se dará em tempo e hora, a nós desconhecidos.

Este livro contribui para a maturidade da fé, manifestada no nosso cotidiano, dentro do qual fazemos a experiência já 'aqui' e 'agora' da vida plena em Cristo.

Acreditamos que o contexto, em que está sendo lançada a presente obra, leve a refletir sobre a descrição feita pelo autor do Prefácio. Ele nos coloca a todos diante da situação de isolamento social vivida no presente, mas que será retomada pelas futuras gerações como lição de vida, pois, a humanidade não poderá voltar à vida normal, desfrutada e pouco respeitada no momento, sem antes tomar consciência e mudar o nosso modo de tratar todas as coisas criadas pelo Criador e Salvador."

Nascendo o Criador da criatura: Maria em seu mistério (2017)

Em primeiro lugar para pessoas pastoralistas marióloga a serviço do Povo de Deus. Estamos vivendo no meio de um Povo que traz o selo mariano na sua fé católica e cristã, porque realiza projetos do Reino em comunhão ecumênica e inter-religiosa. O pequeno grande livro que ora se apresenta se dirige ao Povo também, junto com as pessoas dedicadas ao ministério pastoral e teológico, a serviço deste mesmo Povo, que clama por mais vida e mais dignidade.

A proposta do pequeno grande livro é falar do Deus a quem Maria de Nazaré entregou sua vida pelo SIM no mistério da Encarnação do Verbo e neste mistério ela se revelou de maneira familiar e íntima, assim como de forma estranha que a levava a contracenar com o filho.

Os momentos marcantes da vida desta Mulher, da simples Nazaré da Galileia, foram vividos em mistério. Esta experiência da Mãe do Filho de Deus nos levou a ter uma iniciação ao mistério de Cristo como Segunda Pessoa da Trindade.

Pelo mistério de Cristo, pudemos entrar no mistério de Maria que nos é proposto no contexto de todos os acontecimentos do filho. Estes acontecimentos encontram sua plenitude no Mistério Pascal, momento em que Maria de Nazaré assume a posição de Mulher da fé, Serva do Senhor da vida e teóloga da Palavra.

Nesta perspectiva, Maria e sua missão de Mãe de Deus adquirem um significado de longo alcance teológico que leva as pessoas estudiosas das Ciências Sagradas a aprofundarem ainda mais a relação entre mariologia e teologia da Palavra.

Desta relação "poderá vir grande benefício para a vida espiritual e para os estudos teológicos e bíblicos. Quando a inteligência da fé olha um tema à luz de Maria coloca-se no centro mais íntimo da verdade cristã. A encarnação do Verbo não pode ser pensada prescindindo da liberdade desta jovem, mulher que, com seu assentimento coopera de modo decisivo para a entrada do Eterno no tempo. Maria é a figura da Igreja à escuta da Palavra de Deus, que nela se fez carne. É também símbolo da abertura a Deus e aos outros; escuta ativa que interioriza, assimila, na qual a Palavra se torna forma de vida" (Verbum Domini, parágrafo 27).

Como tudo começou com Maria de Nazaré (2016)

O presente livro, da professora Lina Boff, testemunha a atualidade da teologia mariana e sua importância para a vida das comunidades cristãs. Ao falar de Maria, a reflexão teológica deseja voltar uma vez mais às fontes do dinamismo cristão e celebrar o amor de Deus, que fez de uma mulher simples, de um povoado longínquo, uma inspiração singular para a vida fé de todas as gerações.

O desenvolvimento teológico das últimas décadas ajudou muito a compreender a vida de Maria como um itinerário de santidade na humanidade, sustentado pela graça e vivido em amor e fidelidade, sem resistências. Mas, sempre, humano, com sua fragilidade e momentos ora mais claros, ora mais escuros. É no interior desta humanidade, com sua alegria e sua dor, sua força e sua miséria, suas descobertas e sua obscuridade, suas potencialidades e seus condicionamentos socioculturais que é possível experimentar a ação de Deus. A partir de dentro de sua humanidade, Maria foi toda amor e fidelidade, um ser humano para Deus, a "cheia de graça".

A existência de Maria, configurada pelo Espírito, motiva processos de renovação pessoal e eclesial, de fortalecimento da fé e da esperança em tempos difíceis. A vida de Maria, ao mesmo tempo humana e de Deus, brilha, na imagem de Santo Agostinho, como "uma estrela na noite". Na vida de Maria podemos ver a todos. De maneira especial, a Igreja é animada a não temer as fragilidades, a se adentrar nas feridas e sofrimentos do mundo e testemunhar que, sob tudo isto, está a graça de Deus que, em Cristo e pelo Espírito, chama a uma vida nova, pacientemente, mas como luz forte e irradiante, esperança e amor.

É neste contexto que pode ser compreendido o livro da professora Lina Boff. A autora busca unir esta Maria-mulher que, na fé, respondeu aos apelos de Deus e enfrentou os desafios do seu tempo, a Maria cultuada na religiosidade popular, na liturgia e nos dogmas marianos. Nesta perspectiva, apresenta-se como um compêndio acessível de teologia mariana.

(...)

Estamos diante de um livro especial, pois é fruto dos mais de quinze anos de docência em Mariologia da professora Lina Boff, na PUC do Rio de Janeiro. Ao longo deste tempo, inúmeros alunos leram seus livros, passaram por suas aulas instigantes, por seu acompanhamento acadêmico e por seu coração de mulher. Pessoalmente, embora não tenha sido sua aluna, sinto-me honrada em apresentá-lo, na certeza de que será uma importante fonte de pesquisa mariológica e uma inspiração para a vida de mulheres e homens, grupos e comunidades.

Lúcia Pedrosa-Pádua
Professora de Mariologia – PUC-Rio

Esta obra foi impressa na gráfica Santuário
para as Editoras Santuário/Letra Capital.
Utilizou-se o papel Pólen Soft 80g/m^2
e a fonte Minion Pro corpo 12 com entrelinha 15.
Rio de Janeiro, 2020